一口气读懂常识丛书

一口气读懂
中国文化常识

本书编写组 ◎编

NEW

世界图书出版公司
广州·上海·西安·北京

图书在版编目（CIP）数据

一口气读懂中国文化常识/《一口气读懂中国文化常识》编写组编．—广州：世界图书出版广东有限公司，2010.10（2021.5 重印）

ISBN 978-7-5100-2911-0

Ⅰ．①一… Ⅱ．①一… Ⅲ．①文化史-中国-青少年读物 Ⅳ．①K203-49

中国版本图书馆 CIP 数据核字（2010）第 204156 号

书　　名	一口气读懂中国文化常识 YIKOUQI DUDONG ZHONGGUO WENHUA CHANGSHI
编　　者	《一口气读懂中国文化常识》编写组
责任编辑	马立华
装帧设计	三棵树设计工作组
责任技编	刘上锦　余坤泽
出版发行	世界图书出版有限公司　世界图书出版广东有限公司
地　　址	广州市海珠区新港西路大江冲 25 号
邮　　编	510300
电　　话	020-84451969　84453623
网　　址	http://www.gdst.com.cn
邮　　箱	wpc_gdst@163.com
经　　销	新华书店
印　　刷	三河市人民印务有限公司
开　　本	787mm×1092mm　1/16
印　　张	13
字　　数	160 千字
版　　次	2010 年 10 月第 1 版　2021 年 5 月第 8 次印刷
国际书号	ISBN 978-7-5100-2911-0
定　　价	38.80 元

版权所有　翻印必究

（如有印装错误，请与出版社联系）

前　言

　　2008的北京奥运会不仅是中国和世界的一个约定，也是中国文化走向世界的一个契机，当大型文艺表演《美丽的奥林匹克》奏响第一个音符、演出人员迈出第一步舞步、大屏幕上产生第一缕光影时，一个神秘而悠长的中国文化背景的序幕就拉开了。对此，我们除了无限感慨之外，也会百感交集的想着中国文化博大精深，又何止这些。是啊，你可以从甲骨文中看到刀刻般的中华文化的凌厉；你可以随着水墨的意境看到中国文化的温婉；你可以从天人合一的和谐中看到中国文化深藏的哲学；你可以从漫天焰火中感受中国文化与世界文化的亲昵。在和平的奥林匹克颂歌中，全世界都在感受着中国文化。我们每个中国人的心中都升腾着无比的荣耀和自豪。

　　今天，西方价值观更多的受到人们的质疑，古老的东方智慧正重新焕发出光彩，作为唯一一个没有中断过的中华文明，其价值体系应该更多的被世人所理解，应该为人类文明做出更大的贡献。在本书中，你可以全方位的了解中国文化的演进与发展历程。在探寻中国文化的同时，在中国文化纵横交错的脉络里寻找跳动的脉搏。

　　在各种文化交织汇流的今天，我们被各种文化大潮冲击着：信息爆炸、快餐文化横流，我们变得越来越急功近利，我们认为自己知道的就是真相，其实那只是历史文化一层薄薄的浮土，可喜的是，整个社会意识到了，社会在引导、启迪着我们探索和了解我们的文化，只有这

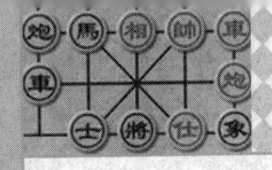

样,我们才有资格在历史的大幕前继续舞蹈。

我们不能把研究的目光锁定在那些还没有得出确切答案的文化现象上。本书将会是你遨游中国文化海洋的一个向导,在提出一个个疑问的同时,也将带领读者去探寻其中的根源。

这是一本揭秘中国古代文化现象的书,也是一本普及文化常识的书。对于本书中的一些文化现象也许有着仁者见仁,智者见智的答案,鉴于我们的知识水平和文字水平有限,书中如出现错误、缺陷,敬请广大读者朋友批评、指正。

目 录

政治法律篇

什么是禅让制？ 3
什么是世袭制？ 3
什么是分封制？ 4
什么是宗法制？ 5
什么是郡县制？ 6
什么是三省六部制？ 7
什么是八旗制度？ 7
"皇帝"的称谓是怎么来的？ 8
"太上皇"的称谓是怎么来的？ 9
皇帝的正妻为什么叫"皇后"？ 10
谥号、庙号及年号有什么区别？ 11
"三公九卿"是怎么回事？ 12
御史台是什么机构？ 13
都察院是什么机构？ 14
枢密院是什么机构？ 14
翰林院是什么机构？ 15
大理寺是什么机构？ 16

理藩院是什么机构？……………………………………… 18

宣政院是什么机构？……………………………………… 18

锦衣卫是什么机构？……………………………………… 19

军机处是什么机构？……………………………………… 20

丞相是个怎样的官职？…………………………………… 21

知州是个什么官职？……………………………………… 22

知府是个什么官职？……………………………………… 23

巡抚是个什么官职？……………………………………… 23

知县是个什么官职？……………………………………… 24

什么是五刑？……………………………………………… 25

"十恶不赦"中的"十恶"是指什么？……………………… 26

"三堂会审"是怎么来的？………………………………… 27

什么是朝审？……………………………………………… 28

什么是秋审？……………………………………………… 29

文学典籍篇

什么是歇后语？…………………………………………… 33

什么是谚语？……………………………………………… 34

什么是诗？………………………………………………… 35

古诗和古体诗是同一个概念吗？………………………… 36

什么是词？………………………………………………… 37

什么是元曲？……………………………………………… 38

什么是杂剧？……………………………………………… 39

什么是散曲？……………………………………………… 40

什么是赋？ ………………………………………………… 41

什么是小说？ ……………………………………………… 42

小说是怎么形成的？ ……………………………………… 43

什么是楚辞？ ……………………………………………… 44

什么是骈文？ ……………………………………………… 45

什么是乐府？ ……………………………………………… 46

"乐府双璧"是指哪两部作品？ …………………………… 47

《诗经》在文学史上有着怎样的地位？ ………………… 48

《尚书》具有怎样的文学价值？ ………………………… 49

"四书五经"是指哪几部书？ ……………………………… 50

《尔雅》是怎样一部书？ ………………………………… 51

《说文解字》是怎样一部字典？ ………………………… 52

司马迁是如何完成《史记》的？ ………………………… 53

《世说新语》是怎样一部书？ …………………………… 54

"建安七子"是指哪七位？ ………………………………… 55

"三曹"是指哪三位？ ……………………………………… 56

"竹林七贤"是指哪七位？ ………………………………… 57

陶渊明有哪些文学成就？ ………………………………… 58

"初唐四杰"是指哪四位？ ………………………………… 59

"李杜"和"小李杜"各指什么人？ ………………………… 60

"苏门四学士"和"苏门六君子"各指哪些人？ …………… 61

白居易是一个怎样的诗人？ ……………………………… 63

"唐宋八大家"是指哪八位？ ……………………………… 64

《永乐大典》是一部怎样的书？ ………………………… 65

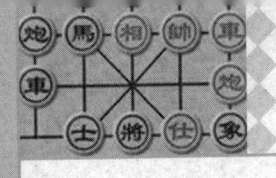

参与《四库全书》编纂的有哪些人？ ………………………………… 66

二十四史是指哪几部史书？ ……………………………………… 67

《唐诗三百首》是怎么来的？ ……………………………………… 68

元代四大悲剧、四大爱情剧以及中国古代十大悲剧各指哪些
作品？ …………………………………………………………… 70

"三言两拍"指的是什么？ ………………………………………… 70

"晚清四大谴责小说"与"五大奇书"各指哪些作品？ …………… 71

中国古典"四大名著"是怎么来的？ ……………………………… 73

《金瓶梅》具有怎样的文学和史学价值？ ………………………… 74

珍本、抄本和孤本有什么区别？ ………………………………… 75

轶事、轶文和掌故有什么不同？ ………………………………… 76

传统艺术篇

"八大艺术"是指哪八种艺术形式？ ……………………………… 79

戏曲是如何形成的？ ……………………………………………… 80

京剧是怎么来的？ ………………………………………………… 81

京剧有哪些行当？ ………………………………………………… 81

京剧有哪些流派和代表人物？ …………………………………… 82

四大须生、四大名旦、四小名旦分别是指哪四位？ ……………… 83

为什么人们习惯把戏班、剧团称为"梨园"？ …………………… 83

我国有哪些具有影响力的地方戏？ ……………………………… 84

中国古典十大名曲是指哪十首曲子？ …………………………… 85

"礼"和"乐"有什么关系？ ………………………………………… 88

古乐的标准音是怎么制定的？ …………………………………… 88

什么是五音十二律？ 89
"余音绕梁"是怎么来的？ 90
"下里巴人"是什么意思？ 91
我国有哪些传统乐器？ 91
编钟是一种什么乐器？ 93
什么是书法？ 94
"文房四宝"是指哪四宝？ 95
什么是甲骨文？ 96
什么是金文？ 96
大篆和小篆有什么区别？ 97
什么是隶书？ 98
"二王"是指哪两位？ 99
"楷书四大家"是指哪四位？ 100
"宋四家"是指哪四位？ 100
什么是"永字八法"？ 101
什么是国画？ 102
什么是年画？ 103
"中国十大传世名画"是指哪十幅画？ 104
"扬州八怪"是指哪八位？ 107
吴道子何以被称为"画圣"？ 108
"曹衣出水，吴带当风"是什么意思？ 109
"元四大家"是指哪四位？ 110
画坛"明四家"是指哪四位？ 110
清初"四画僧"是指哪四位？ 110

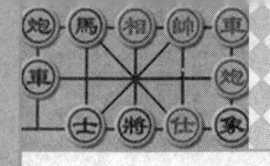

陶器与瓷器有什么区别？ …………………………………… 111

秦兵马俑是怎么发现的？ …………………………………… 112

"唐三彩"是怎么来的？ ……………………………………… 114

刺绣艺术是怎么来的？ ……………………………………… 114

"四大名绣"是指哪四种？ …………………………………… 115

文教体育篇

学校是怎么来的？ …………………………………………… 119

什么是九品中正制？ ………………………………………… 120

什么是科举制度？ …………………………………………… 121

科举制度中有哪些特定称谓？ ……………………………… 122

古代的博士、硕士、学士是怎么回事？ …………………… 123

什么是国子监？ ……………………………………………… 124

什么是八股文？ ……………………………………………… 125

什么是官学？ ………………………………………………… 126

什么是"私学"？ …………………………………………… 127

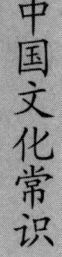

什么是私塾？ ………………………………………………… 128

什么是蒙学？ ………………………………………………… 129

什么是书院？ ………………………………………………… 130

四大书院指的是什么？ ……………………………………… 132

密封考卷是怎么来的？ ……………………………………… 133

"桃李满天下"是怎么来的？ ……………………………… 134

古今对"老师"都有哪些称谓？ …………………………… 135

中国武术是如何产生的？ …………………………………… 136

太极拳是怎么来的？ ………………………… 137
蹴鞠是一种什么运动？ ………………………… 138
投壶是一种什么运动？ ………………………… 139
击鞠是一种什么运动？ ………………………… 139
拔河是怎么来的？ ……………………………… 140
角抵是一种什么运动？ ………………………… 141
围棋是怎么来的？ ……………………………… 142
中国象棋是怎么来的？ ………………………… 144
踢毽子起源于什么时候？ ……………………… 145
赛龙舟是怎么来的？ …………………………… 147
扭秧歌是怎么来的？ …………………………… 148

民风民俗篇

姓和氏有什么区别？ …………………………… 151
古人的名和字之间有什么联系？ ……………… 152
古人如何谦称自己？ …………………………… 153
古人如何敬称他人？ …………………………… 154
古代有哪些特殊称谓？ ………………………… 156
古人如何称呼自己的亲属？ …………………… 157
妻子和丈夫有哪些不同的称谓？ ……………… 158
为什么用"鸳鸯"来比喻夫妻？ ………………… 159
为什么用"秦晋之好"来比喻夫妻关系？ ……… 160
结发夫妻是怎么来的？ ………………………… 161
中国古代有哪些年龄称谓？ …………………… 162

"不孝有三,无后为大"中的"三"是指什么？……………………164
古代的"三从四德"是指什么？……………………………………165
"六亲不认"中的"六亲"是指哪六亲？…………………………166
中国古代的五礼是指哪五礼？……………………………………167
五服是指五种服装吗？……………………………………………168
什么是六礼？………………………………………………………170
十二生肖是怎么来的？……………………………………………171
为什么我国把农历十二月称为"腊月"？………………………173
二十四节气是怎么来的？…………………………………………173
我国有哪些重要的传统节日？……………………………………174
饺子是怎么来的？…………………………………………………177
拜年是怎么来的？…………………………………………………179
贴春联是怎么来的？………………………………………………180
压岁钱是怎么来的？………………………………………………181
粽子是怎么来的？…………………………………………………182
腊八粥是怎么来的？………………………………………………183
汤圆是怎么来的？…………………………………………………185
月饼是怎么来的？…………………………………………………187
土葬是怎么来的？…………………………………………………188
我国有哪些丧葬习俗？……………………………………………189
我国新式的婚姻习俗是怎样的？…………………………………191
汉服是汉朝的服饰吗？……………………………………………193
唐装是唐朝的服饰吗？……………………………………………194
旗袍是满族特有的民族服装吗？…………………………………195

政治法律篇

什么是禅让制？

禅让制是中国古代统治权力更迭的一种方式，指的是在位君主生前将统治权力让给他人。在形式上，禅让是在位君主自愿进行的，是为了把统治国家的权力让给更贤能的人。通常情况下，如果将权力让给异姓，往往会导致朝代的更替，称为"外禅"；如果把权力让给自己的同姓血亲，则称为"内禅"，让位者通常称为"太上皇"，这不会导致朝代的更替。

禅让制最早是中国上古时期推举部落首领的一种方式。相传尧在做部落联盟首领时，四岳推举舜为继承人，尧对舜进行了为期3年的考核。尧死后，舜才得以继位。舜用同样的方式把位禅让给禹。这种部落联盟推选首领的制度，历史上称之为"禅让"。

什么是世袭制？

"世袭制"是皇帝"退休"后，将帝位传给自己的儿子。世袭制是名号、爵位和财产等按照血缘关系世代传承。上一代君主与接任的君主之间一般存在血缘关系，但不一定都是父传子，有的是兄传弟，也有的是叔传侄。

世袭制始于大禹，大禹传位给他的儿子启，从此世袭制取代了禅让制，这也标志着部落分散统治的结束和奴隶制国家的诞生。奴隶社会的王位世袭制、秦始皇首创的帝位世袭制，以及西汉初期分封同姓诸侯王等等都是世袭制的集中体现。

什么是分封制？

"分封制"是周朝时期周王室把疆域领土划分给诸侯的社会制度。周灭商纣和东征以后，分封同姓和功臣为诸侯，以此作为藩屏。诸侯的君位是世袭的，在其国内拥有统治权，但对天子负有定期朝贡和提供军赋、力役等义务。在"分封制"下，国家土地不完全是周王室所有，而是分别由获得封地的诸侯共有，他们拥有分封土地的所有资源和收益，只需向周王室缴纳一定的进贡即可。

秦始皇统一全国后，废除了分封制，推行郡县制。汉朝承袭了秦朝的"郡县制"。与秦行政区划不同的是，汉朝在推行"郡县制"的同时又推行封国制，封国包括王国和侯国，称为"郡国制"，这使得郡国杂处，相互牵制，对维护中央集权和国家统一起到了积极的作用。

中国历史上自三国开始直至最后一个封建王朝——清朝，在国家行政区划管理上不同程度地实行了"分封制"，但分封不是主体，历朝历代在政权稳定以后，封国与侯国实际成了行政区划体系之一；即使存在军阀割据政权，也需要领受中原王朝的册封，如五代十国时期，十国之一的楚王马殷，尽管于公元907年建国，仍旧于公元927年（天成二年）接受中原王朝后唐册封为"楚王"。

汉语对中国古代中原王朝所封之地称为诸侯国、封国或王国，统治诸侯国的君主被称为诸侯王、君王或国君，有时也使用

"国王"的称谓。

什么是宗法制？

宗法制是按照血缘远近来区别亲疏的制度。早在原始氏族时期，宗法制就已经萌芽，但作为一种维系贵族间关系的完整制度，则是从西周开始的。

宗法制是西周分封制的基础，它是根据血缘关系的亲疏远近，确立土地、财产和政治地位的分配与继承制度。

宗法制是一种以宗族血缘关系为纽带、与国家制度相结合、用以维护贵族世袭统治的制度。周王是周族之王，称为天子，奉祀周族的始祖，为"大宗"，由嫡长子继承王位。其余庶子和庶兄弟大多分封为诸侯，相对于周天子而言是"小宗"，在其本国则是"大宗"。诸侯也由嫡长子继位，其余庶子和庶兄弟大多被分封为卿或大夫，相对于诸侯而言是"小宗"，在本家则为"大宗"，其职位也由嫡长子继承。从卿大夫到士，其"大宗"、"小宗"的关系亦是如此。世袭的嫡长子即为宗子，地位最尊。如此层层分封下来，大宗率小宗，小宗率群弟。大宗、小宗的宗法关系同时也是一种政治隶属关系。于是，在全体贵族内部，举国上下形成了以周天子为核心，由血缘亲疏不同的众诸侯国竞相拱卫的等级森严的体制，使政权不但得到族权而且得到神权的配合。"亲亲"、"尊尊"在这里获得了完备、严格的体现，成了宗法制的精神支柱，从而也成为周礼的根本原则。

什么是郡县制？

郡县制是中国古代继分封制之后出现的，以郡统县的地方行政制度。盛行于秦汉两代。

早在春秋时期已有县、郡的设置。春秋时期的县可分为两种类型：楚国和秦国的县都直属于君主；晋国和吴国的县多是卿大夫的封邑。两者都是直属于国君的别都，具有边防重镇的作用。楚武王灭掉权国之后，将其改建为县，此为设县的开始。战国时期，县的设置更为广泛，并转变为作为地方政权而实行官僚制度的县制。县令为一县之长，由国君直接任免。

郡的设置比县要晚。秦穆公九年（公元前651年），晋公子夷吾（即晋惠公）对秦国使者谈到"君实有郡县"，此为秦国设郡的最早记载。此后，晋、赵、吴等国相继设置了郡。不过这一时期，郡的地位要比县低，但县与郡之间并没有相统属的关系。战国时期，最早设置的郡是魏文侯时的西河郡、上郡和楚悼王时的宛郡。随着边防设郡之地的增加以及内地县的增多，迫切需要建立起更高一级的管理机构，于是郡、县两级制的地方管理体系应运而生。

郡的长官称为"郡守"，县的长官称为"县令"，均由君主直接任免。郡县制在战国时期虽然形成并得到了很大的发展，但由于诸侯国林立，执行情况并不统一。秦统一中国后，为了加强中央集权，进一步健全了郡县制，进而在全国得以推广。

汉承秦制，并且比秦更为严整。秦汉的郡县制代替了西周的

分封制，为以后中国2000多年的地方行政体制奠定了基础。

隋朝开皇三年（公元583年），隋文帝罢天下诸郡，以州统县。到了元朝，郡名完全被废弃，以行省制度取代。

什么是三省六部制？

三省指的是：中书省、门下省、尚书省；六部指的是：吏部、户部、礼部、兵部、刑部、工部。

中书省和尚书省在两汉时期已基本形成，东汉废除中书省，只设尚书省，三国时恢复中书省，晋朝时建立了门下省，所以三省六部制是在晋朝时期基本确立起来的，它是中国封建社会的主要政治制度。

尚书省下辖吏、户、礼、兵、刑、工六部，一直沿用到清代。六部分理各种事务，每部又设4司，共计24司。六部为隋唐以后主要的政务部门，其职能分别如下：吏部掌管全国文职官吏的任免、考课、勋封等；户部掌管全国户口、土地、赋税、钱粮、财政收支等；礼部掌管礼仪、祭祀、科举、学校等；兵部掌管武官选用及军事行政；刑部掌管全国司法行政；工部掌管各项工程、工匠、屯田、水利、交通等。

什么是八旗制度？

八旗制度是中国清代满族的社会组织形式。满族的先世女真人主要以射猎为业，每年到采捕时节，他们以氏族或村寨为单位，由有名望的人作首领，集体进行射猎活动。这种以血缘和

地缘为单位进行集体狩猎的组织形式，称为牛录制。

努尔哈赤在统一女真各部落的战争中，随着势力的扩大和人口的增加，在明万历二十九年（公元1601年）建立了黄、白、红、蓝四旗，称为正黄、正白、正红、正蓝，此四种旗皆为纯色。随后，努尔哈赤为适应满族社会发展的需要，在原来牛录制的基础上，创建了八旗制度，即在原有的四旗之外，增编镶黄、镶白、镶红、镶蓝四旗。旗帜除四正色旗外，黄、白、蓝均镶以红，红镶以白。把后金管辖下的所有人都编制在旗内。八旗制规定：每300人为1牛录；5牛录为1甲喇；5甲喇为1固山。此时所编设的八旗，即是后来的满洲八旗。清太宗时，又增设蒙古八旗和汉军八旗，旗制与满洲八旗相同。八旗由皇帝、诸王、贝勒控制。

顺治七年（公元1650年）底，多尔衮死，清世祖福临为了加强对八旗的控制，对八旗的顺序进行了调整。由皇帝亲自控制的镶黄、正黄、正白三旗，称为上三旗；由诸王、贝勒控制的正红、镶红、正蓝、镶蓝、镶白五旗，称为下五旗，此后直至清亡再无更改。上三旗较下五旗为崇，是皇帝的亲兵，承担禁卫皇宫等重要任务，下五旗负责驻守京师及各地。

"皇帝"的称谓是怎么来的？

"皇帝"是中国古代最高统治者的称号。皇帝最早是皇、帝的合称。"皇者，大也，言其煌煌盛美。帝者，德象天地，言其能行天道，举措审谛。"皇，在古代有"上天，光明"之意，"因给予万物生机谓之皇"；帝者，生物之主，兴益之宗，"因其生育之功谓之

帝"。皇为上，帝为下，在古代，皇帝即为天地，所以"皇帝"一词是在告诉人们，"皇帝"乃是万物之主！但此时的皇、帝还是两个分开的称号。中国历史上首次将二者合并的人是秦始皇，至此开始，"皇帝"一词正式成为中国封建王朝最高统治者的专用称呼。

在秦始皇之前，中国古代的最高统治者都称为"王"，如商纣王、周武王等等。公元前221年，秦王赵政（亦称嬴政）先后消灭韩、赵、魏、楚、燕、齐六国，一统天下。赵政自认为这是亘古未有的功业，就连上古时候的"三皇五帝"也比不上自己，如果不改变"王"的称号，怎么算成功，让后人知道，于是让李斯等人研究如何才能改变自己的称号，以显示自己的"千秋功绩"。李斯等人经过商议报告秦王说，上古有天皇、地皇、泰皇，泰皇最贵，可改"王"为"泰皇"。赵政经过反复考虑，认为自己"德高三皇，功过五帝"，决定兼采"帝"号，称为"始皇帝"，后世称为"秦始皇"。

"太上皇"的称谓是怎么来的？

"太上皇"是一种对皇帝父亲的尊号。特指把皇位让给太子自己退位的皇帝。秦始皇统一中国后，曾追尊其父庄襄王为太上皇，这是有太上皇称号的开始。历史上第一个真正做上太上皇的是汉高祖刘邦的父亲刘太公。

秦末，楚汉争霸，汉高祖刘邦最终取得胜利。公元前202年12月，项羽被刘邦十面埋伏，围困于垓下。项羽突围失败，自刎

于乌江。刘邦当上皇帝后，每天都去参拜自己的老父亲。谁知有一天当他又去参拜父亲时，却看到父亲穿着一件旧袄，手持扫帚，毕恭毕敬地迎接他。刘邦大吃一惊，急忙上前搀扶父亲，而刘太公却连连后退。刘太公说："您贵为天子，谁敢不敬？我虽然是您的父亲，也只是个平头百姓，平头百姓不尊敬皇帝，是要被杀头的。我不能因为是你的父亲就坏了天下的法纪。"刘邦听罢犯了愁——怎样才能不失礼度地对待自己的父亲呢？

后来，有个大臣告诉刘邦秦始皇曾尊去世的父亲为"太上皇"，建议封刘太公为"太上皇"。刘邦听后大喜过望，于是马上举行大典，将刘太公尊为"太上皇"。皇帝的父亲从此就被称为"太上皇"，这种叫法一直被历代封建王朝沿袭下来。

皇帝的正妻为什么叫"皇后"？

在中国古代宫廷里，皇帝往往拥有众多后宫佳丽，在众多妻妾之中，皇帝的正妻称为"皇后"，亦简称为"后"；皇帝的母亲尊称为"皇太后"；皇帝的祖母则尊为"太皇太后"。那么，为什么称皇帝的正妻为"后"呢？

"后"原是君主之意。据《诗经》记载："商之先后，受命不殆，在武丁孙子。"郑玄各项笺曰："后，君也。"如禹的儿子夏启被称为"夏后氏"。

在周朝以前，天子之妻皆称为"妃"，自周朝开始改称为"后"。《礼记·曲礼下》载曰："天子之妃曰后。"

秦始皇统一六国之后，自称为"皇帝"，并订下皇帝的正妻

为"皇后"的后妃制度。但是较完备的后妃制度和等级划分是到汉朝时才实际执行的。根据《汉书·高帝纪下》记载:"尊王后曰皇后,太子曰皇太子。"

"皇后"在后宫的地位就如同"天子"一般,是众嫔妃之主。

谥号、庙号及年号有什么区别？

谥号,是古代君主、诸侯、卿大夫、高官大臣等死后,朝廷根据他们的生平作为给予的一种称号。

谥法一般分为三种:用"文""武""昭""景""宣""惠""元""平""康""明"等表示褒扬,比如汉武帝刘彻,一生多杀伐,以武经略天下,故谥号为"武";用"灵""厉""炀"等表示批评,比如《纳谏与止谤》中提到的周厉王,"防民之口,甚于防川",暴厉多疑,故谥号为"厉";用"怀""慰""哀"等表示哀怜,如《屈原列传》中的楚王,屡被张仪等欺骗,最终死于秦朝,让人哀怜,故谥号为"怀"。

除了朝廷给谥外,一些有名望的学者死后,其亲友、门人也可给谥,称为私谥,比如陶渊明谥为"靖节徵士"。帝王未死或刚死未及定谥,则暂无谥号,比如《殽之战》中晋君刚死,未及下葬和定谥,故文中称其为"死君"。给谥一般在下葬之时,也有死后一段时间才追赠的,称为赠谥或追谥,比如《五人墓碑记》中说周顺昌死后"赠谥美显,荣于身后",因为周顺昌死于明熹宗时期,直到崇祯皇帝登基后才为其平反给谥的。岳飞谥号为"武穆"也属于此类情况。

庙号，兴起于汉代，有功有德的皇帝都有庙号，称"祖"或"宗"。但是到了后来，庙号的使用趋于滥用，不问功德，几乎所有皇帝都可以称"祖"或"宗"。每一朝代的第一个皇帝，常称为太祖、高祖或世祖；以后的嗣君多称为太宗、世宗、仁宗、高宗等。

唐朝以前，对殁世的帝王，多称谥号；唐以后则多称庙号，也有谥、庙兼称的。

年号，本来是帝王纪年的名号，始于汉武帝时期。后来，每一个朝代每一个新帝即位，都必须改换年号，称为改元，这一年就叫做"改元某"或"某元年"。改元多的皇帝，一生中可以有十几个年号，但也有的皇帝，从即位到去世或离位只用一个年号，比如唐太宗李世民，一生就只用过"贞观"年号。明清两代的皇帝也大多只用一个年号，因此，人们一般不称呼他们的谥号、庙号，而习惯用年号来代称，如明世宗朱厚熜在位45年，一直用"嘉靖"作为年号，所以后人多称呼他为"嘉靖皇帝"，清高宗爱新觉罗·弘历在位60年，一直用"乾隆"作为年号，因此后人称其为"乾隆皇帝"。

"三公九卿"是怎么回事？

"三公九卿"是中国古代的一种中央官制，由秦始皇接受李斯建议所制。"三公九卿"制以皇帝为尊，下设三公，分别是：太尉，管理军事；丞相，协助皇帝处理全国政务；御史大夫，掌管群臣奏章，下达皇帝诏令，并负责国家监察事务。

"九卿"直接由丞相负责，按其职能划分分别为：奉常，掌管宗庙祭祀和国家之礼；郎中令，负责皇帝禁卫；卫尉，负责皇宫守卫；太仆，负责皇帝车马；少府，负责皇帝财政；廷尉，负责司法；典客，负责外交和内部少数民族事务；治粟内史，负责粮食和财政；宗正，负责皇室事务。

"三公九卿"制度的基本结构从秦朝开始，一直沿用到两晋时期，直到隋文帝创立三省六部制为止。

御史台是什么机构？

御史台是一种监察机构。自秦汉以来，历朝历代都设有此机构，主管监察之事。

西汉初期，御史大夫的官署称为御史府。西汉后期改御史大夫为大司空，东汉则称为司空，御史之长由其副职御史中丞担任。中丞原本在殿中兰台办事，成为御史之长后仍然留在台中，所以称其官署为御史台。历代沿袭，亦有宪台、兰台的别称。

明初也设有御史台，洪武十五年（公元1382年）改为都察院。一直到清末，随着满清王朝的灭亡，御史台之名遂被废除。

御史台设有三院：台院，掌管纠举百僚、推鞫刑狱、监太仓、左藏出纳、监督没收赃款及收纳赎款等职能；殿院，掌管整齐朝班、检察仪仗等职；察院，掌管分察百僚、巡按郡县、纠视刑狱、肃整朝仪、监决囚徒等职。

御史台虽然职责繁多，但最重要的有两项：一是弹劾百官；二是推鞫刑狱。

都察院是什么机构？

都察院是明清两代最高的监察、弹劾和建议机关。

明洪武十五年（公元1382年），改前朝御史台为都察院，长官为左、右都御史，下设副都御史、佥都御史。

都御史是都察院的长官，相当于汉、唐的御史大夫，副都御史相当于御史中丞，佥都御史则相当于侍御史，三者为主领或分领院务的长官。都御史的职权总的来讲是"纠劾百司，辨明冤枉，提督各道，为天子耳目风纪之司"。

此外，监察御史是都察院直接行使监察权的骨干专职官吏，既受都察院的管辖，又可以不受都察院的统制而独立行事，并且有事可单独进奏皇帝。

枢密院是什么机构？

枢密院是一个官署名。五代时期，后梁建立崇政院，后唐改称枢密院。宋代沿袭，主要负责管理军事机密和边防等要事，密院与中书门下并称"二府"，都是最高国务机关。

辽代按南北面官分设北枢密院和南枢密院。北枢密院掌军事，南枢密院只管士人迁调。占领幽云十六州之后，又增设了汉人枢密院，统管幽云十六州的汉人军马，隶属于南院大王。

到了元朝，枢密院主管军事机密及边防事务。战时，在主要战役方向还设立行枢密院，作为枢密院的派出机构统辖一些军政事务。

到了明朝，朱元璋称吴王时，沿袭元制仍设枢密院，后废除，改设大都督府统军。

翰林院是什么机构？

在中国历史上，翰林院是一个带有浓厚学术色彩的官署。翰林院一直伴随着封建时代的结束而寿终正寝。在翰林院任职或曾经任职者，都被称为翰林官，简称翰林，是传统社会中层次最高的士人群体。

翰林制度是从唐至清特有的一项封建职官制度。"翰林"一词汉代已有，意指文学之林，是文翰荟萃所在。从唐代开始成为官及官署名。起初，文学、经术、僧道、琴棋、书画等各色人士以其专长听候君主召见，称为"翰林待诏"。唐玄宗时期，更多地选用文学士人，称为"翰林供奉"，主要用于起草诏令，议论时事。公元738年，在翰林院之南建立学士院，专门负责"内制"。自此翰林院一分为二：一为翰林学士院；一为翰林院，通常称为旧翰林院。翰林学士院中只有文学士人，是起草诏命、参预机务的枢要部门；旧翰林院则集合了各种技艺能人，是在内廷供奉君主的普通机构。

五代时期武人跋扈，翰林的地位从唐代时的顶峰跌落，在政治上几乎不起什么作用。后晋还曾废除翰林学士，将其职并归中书舍人。

宋代是翰林制度发展的重要阶段，主要体现在以下两方面：

（1）翰林学士院组织结构更加严整，官员设置从高到低依

次为承旨、学士、直院、权直，不再是一个随意性很强的内侍群体，而成为中央政府的正式机构。

(2)翰林制度与科举制度的关系得到确立，非进士的人，都不能进入翰林，由此推进了宋代文人政治的发展。

辽、西夏、金、元，都是以少数民族为统治主体的封建王朝，它们在不同程度上学习借鉴了汉王朝的统治体制，承袭了唐宋的翰林制度，以此笼络与安置汉族知识分子。

明朝翰林院的发展，以明成祖永乐为界，分为前后两个时期。前期的翰林院拥有唐宋时期翰林学士院的职能，翰林官依然是皇帝的辅弼，在政治舞台上扮演着不可或缺的角色；后期的翰林院则职能衰退，逐渐向旧翰林院回归，走上了重文词、远政治的道路，取而代之的是一种新的近侍机构——内阁。明英宗正统以后，翰林院正式成为外朝官署，沦为撰修书史、起草一般文书的普通文秘机构。

清朝以后，翰林院的性质没有变化。其主要职能为编修书籍，撰拟册文，为皇室解经讲史，以及充当科举考官等，属于一种职清事少的文人闲职。1911年，满清王朝灭亡，翰林制度也最终退出了历史舞台。

大理寺是什么机构？

大理寺相当于现在的最高法院，掌握刑狱案件的审理。

唐朝是中国封建法律的高峰。唐朝的中央审判机关为大理寺，以卿、少卿为正、副长官，主要负责审理中央百官及京师徒

刑以上的案件。但徒、流案件的判决权只有刑部才能行使，所以实际上，唐代审判权是由大理寺和刑部共同行使的。

北宋初期沿袭唐制，在中央，审判机构为大理寺。对大理寺判决的复核机关是刑部。宋太宗时设置了审刑院，将大理寺、刑部复核的职权归入审刑院。宋神宗时，重新恢复大理寺与刑部复核的职权。除大理寺、刑部之外，宋代还设立了御史台，御史台享有对官员犯法的审判，所以宋代审判权是由大理寺、刑部、御史台共同行使的。

元代审判机关为大宗正府，大宗正府掌握审判职权。刑部主掌司法行政与审判，行使一部分审判权。由于在元代僧人享有特殊的权利，所以元代的审判机关还包括宣政院，是主持全国佛教事务和统领吐蕃地区军、民事务的中央机关，行使对僧人僧官刑事、民事案件的审判权。所以元代审判权主要由大宗正府、刑部和宣政院行使。

明代审判机关合称为"三法司"，即刑部、大理寺、都察院。明代刑部取代大理寺掌握主要的审判权。大理寺沦为慎刑机关，主要管理对冤案、错案的驳正、平反。都察院不仅可以对审判机关进行监督，还拥有"大事奏裁、小事立断"的权利。

清代承袭明代"三法司"的体制，审判机关仍是刑部、大理寺和都察院。清代的刑部仍是中央审判机关，但职权范围远远超过明代，不仅享有审判权，还享有复审与刑罚执行的权利。清代的大理寺地位更不如前代，其职责主要是复核刑部拟判死刑的案件。都察院是法纪监督机关，既审核死刑案件，还参加秋审

与热审,并且监督百官。

理藩院是什么机构?

理藩院是中国清朝管理蒙古、回、藏等少数民族事务的中央机构。

公元1636年,清朝设立蒙古衙门,后改称理藩院,隶属礼部。光绪三十三年(公元1907年)九月,改为理藩部,清王朝灭亡后,理藩院也随之废除。1900年,理藩院拆除,改建北京饭店。

理藩院设立之初只是管理蒙古的事务,随着清廷全国政权的建立,扩展为总管蒙古、西藏、新疆等各少数民族地区事务的中央机构。

理藩院六司分掌爵禄、朝贡、定界、官制、兵刑、户口、耕牧、赋税、驿站、贸易、宗教等事务。理藩院先后设有内馆、外馆、蒙古学、唐古特学、托忒学、俄罗斯学、木兰围场、喇嘛印务处等机构。此外还派司员、笔帖式等常驻少数民族地区,处理特定事务,并且定期轮换。

宣政院是什么机构?

宣政院是元朝掌管全国佛教事务和吐蕃(西藏)地区军政要务的中央机关。自此以后,西藏地区正式成为我国中央政府直接管辖的一个地方行政区域。

宣政院于至元初年(约公元1264年)设立,初名总制院。至元二十五年(公元1288年)改称为宣政院。宣政院设院使两人,

其中一人以吐蕃上层喇嘛国师充任。由于元朝统治者崇信喇嘛教，因此主管宗教事务的宣政院权势极大，吐蕃喇嘛教主八思巴被任命为国师，兼宣政院的第一任长官。

宣政院以下分设院使、同知、副使等官职。宣政院的官职人选僧俗并用。遇地方有事，则设立行宣政院驻当地处理。若遇重大军政问题，则需会同枢密院共同协商决定。

锦衣卫是什么机构？

锦衣卫是明朝的官署名称，是锦衣亲军都指挥使司的简称，是皇帝的侍卫机构。锦衣卫的前身是明太祖朱元璋时所设立的御用拱卫司。为了监视、侦查、镇压官吏的不法行为，明太祖朱元璋先后任用亲信文武官员充当"检校"，审查在京大小官员的不法行为。明洪武二年（公元1369年）改设大内亲军都督府，十五年（公元1382年）设立锦衣卫，专掌缉捕、刑狱和侍卫之事，直属皇帝指挥。

明朝的锦衣卫非常冷酷。《明史·刑法志》把它与廷杖（皇帝在朝廷打臣僚板子的肉刑）加在一起，称为："明之自创，不衷古制"，此语道破了贯穿明皇朝的特别专制的酷政性质。

锦衣卫设有指挥使一人，正三品，同知二人，从三品，佥事二人，四品，镇抚二人，五品，十四所千户十四人，五品，下属有将军、力士、校尉等。锦衣卫实为皇帝爪牙，镇压臣民时则罗织大狱、捕人、审讯和处刑。明太祖朱元璋由于猜忌心过重，曾大肆诛杀功臣，许多案件都是通过锦衣卫执行的。

廷杖是和锦衣卫密切相连的一种刑法。廷杖即在殿廷上责杖进谏触怒皇帝或有过失的大臣，以提高皇帝的权威的刑罚。洪武年间，公侯如朱文正、朱亮祖，大僚如工部尚书薛祥等，都是受廷杖致死的。

锦衣卫是一种明朝专有的特务机构，直接听命于皇上，可以抓捕任何人，包括皇亲国戚在内，并进行不公开的审讯。

锦衣卫最大的特征是身穿金黄色的官服，为权力高高在上之意，称为"飞鱼服"，并佩带绣春刀。

在朱元璋驾崩前，因锦衣卫"非法凌虐，诛杀为多"，于是大力削减锦衣卫的权力。靖难之役发生以后，明成祖朱棣为了压制臣民对他的不满，于是重新恢复了锦衣卫的所有权力。一直到李自成起义灭明以后，才正式结束了锦衣卫长达200多年的特权历史。

军机处是什么机构？

军机处是清代专有的官署名，也称"军机房"、"总理处"，是清朝中后期的中枢权力机关。

军机处的设立是清代中枢机构的重大变革，标志着清代君主专制发展到了顶端。清雍正七年（公元1729年），因用兵西北，以内阁在太和门外，恐其泄漏机密，故在隆宗门内设置军机房，用以处理紧急军务之用，辅佐皇帝处理政务。公元1732年，改称"办理军机处"，乾隆即位后，改称总理处，公元1738年，改名军机处。

军机处的职官有军机大臣，俗称"大军机"；有军机章京，俗称"小军机"。

军机大臣由皇帝亲信的满汉大学士、尚书、侍郎等官员兼任。军机处的职能原为承命拟旨，参与军务。随着时间的推移和条件的改变，军机处逐渐演变为清朝全国政令的策源地和统治中心，其地位远远高于国家行政中枢的内阁。军机大臣有些也由军机章京升任。军机大臣的任命，其名目为"军机处行走"或"军机大臣上行走"。所谓"行走者"，意思是入值办事。军机大臣没有定额，军机处初设时为3人，后来增加到4~5人至8~9人，最多时有11人。军机章京起初也无定额，至嘉庆初年，满臣、汉臣各16人，一共32人，满、汉章京又各分两班值班，每班八人。军机章京的任命，称为"军机司员上行走"或"军机章京上行走"。

丞相是个怎样的官职？

丞相是中国古代百官之首，典领百官，辅佐皇帝治理朝政。丞相是封建官僚机制中的最高官职，是秉承君主旨意总理国家政务的人。也称为"相国"或"宰相"，简称"相"。

丞相制度起源于战国。秦从武王开始，设左、右丞相，也曾设立相邦一职，魏冉、吕不韦等都曾居此职。秦始皇统一中国后只设左、右丞相。

西汉初期，萧何为丞相，后改为相国，萧何死后，由曹参继任。景帝中元五年（公元前145）改称为"相"。

丞相主要负责管理军事大计和其他要务。如果是涉及国家社稷的大事，皇帝会召集公卿、二千石、博士等共同在御前商议，避免丞相专断。如果是一般政务，则由丞相决定即可施行。丞相的具体职权包括：任用官吏，或是向皇帝荐举人才；对地方官吏有考核、黜陟、诛赏的权力；主管律、令及有关刑狱事务；地方上如果有暴乱等事，丞相可派属官前往镇压；在军事或边防方面，丞相也承担一定的责任；全国的计籍和各种图籍等档案都由丞相府保管。

公元1380年，明太祖朱元璋以"图谋不轨"的罪名诛杀了丞相胡惟庸，并下令撤销中书省，废除丞相，由皇帝直接掌管六部。至此，中国历史上实行了1600多年的丞相制被废除，胡惟庸也成为中国历史上最后一位丞相。

知州是个什么官职？

宋朝以朝臣充任各州长官，称为"权知某军州事"，简称知州。"权知"的意思是暂时主管，"军"是指该地厢军，"州"是指民政。明、清以知州为正式官名，为各州行政长官，直隶州知州的地位和知府平行，散州知州的地位只相当于知县。

宋太祖赵匡胤为了削弱节度使的权力，防止五代时期武人割据的局面重演，规定诸州刺史必须直接向朝廷奏报和接受诏令，节度使不得干预除所驻州之外的政务。后来，朝廷逐步改派京朝文职官员接替刺史管理州务，称"权知某军州事"，简称知州。元朝沿袭宋朝制度，州的长官正式称为知州。

明朝以知州为一州之长。但明清时期有直隶州、散州的区别，前者直隶于省，可以辖县，后者隶属于府、道，不辖县，长官均称为知州。

知府是个什么官职？

知府又称为太守、府尊，也称黄堂，是宋代至清代地方行政区域"府"的最高长官。唐朝以建都之地为府，以府尹作为行政长官。宋时升大郡为府，以朝臣充任各府长官，称为以某官知（主管）某府事，简称知府。宋代的知府职位略高于知州。到明朝时才以知府为正式官名，为府的行政长官，管辖所属州县。清朝沿袭明制，没有多大变动。

从唐朝开始，已经有以其他官职兼"知府事"或"权知府事"的做法，但当时"知府事"还不是一个正式的官职名称，而且管辖范围与后来的州府有很大差别。到了宋代，在府、州、军、监设立地方长官，府的地方长官称为知府事。宋代的知府事总领一个州府的军政事务，不过知府事的具体权力因不同的州府而有所差异，因此边境州府的知府事在军事和政治上的权力可能大于一般的州府。元朝时废府设路，路一级的地方长官称为达鲁花赤，仅在散府设有"知府"的官职，属于达鲁花赤的属官之一。明朝时又恢复了宋制，并且把知府事正式改名为知府。

巡抚是个什么官职？

巡抚是中国明清时期地方军政大员之一。也称为抚台。以

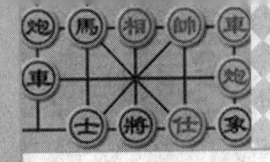

"巡行天下,抚军按民"而得名。

北周和唐初就已经出现派官吏到各地巡抚的先例,不过只是属于临时差遣性质,并未定制,"巡抚"还不是一个正式官职名。明洪武二十四年(公元1391年)开始设立巡抚。明永乐十九年(公元1421年),塞义等26人分巡各省,自此产生了巡抚制度。宣德五年(公元1430年),于谦、周忱等6人分抚南北直隶等处,从此各省常设巡抚官渐成制度。

最初设置巡抚,只是为了督理税粮、总理河道、抚治流民、整饬边关,后来逐渐向军事倾斜。明朝的巡抚多为进士出身。起初,内地巡抚由吏部会同户部举荐,边地巡抚由吏部会同兵部举荐;到了嘉靖十四年(公元1535年),内地和边地的巡抚均由九卿廷推举。明朝也有总督兼巡抚的,合称为督抚。在明代,巡抚虽然不是地方正式军政长官,但因其出抚地方,节制三司(承宣布政使司、提刑按察使司、都指挥使司),所以巡抚实际掌握着地方军政大权。

清沿袭明制,在各省均设置巡抚。清朝的巡抚是一省的最高军政长官,掌握全省民政、司法、监察及指挥军事的大权。

知县是个什么官职?

秦汉时期以县令为一县的主官。到了宋朝,朝廷常派朝臣为一县的长官,管理一县行政,称为"知县事",简称知县。元代县的主官改称为县尹,明、清两代以知县为一县的正式长官,正七品,俗称"七品芝麻官"。

战国时期，魏、赵、韩和秦四国已经开始称县的行政长官为令。秦国在商鞅变法后，并诸小乡为县，设置县令，县令直接直隶于君主。战国末年，郡县两级制形成，县令成为郡守的下属。到了秦汉两代，其法令规定，人口万户以上的为县，长官称县令；万户以下的称长。汉以后放宽尺度，隋唐时期，以县的等第，分定县官品秩。宋代的县令只是徒具虚名，以京朝官任其职，称为知某县事，因而出现知县之名。元朝时改称县尹。明、清时期才以知县为正式官名。辛亥革命后，北洋军阀统治时期称为县知事；国民党统治时期称为县长，新中国成立后，县长低于市长（地级市）而高于乡长。县长是一个县的第二把手（仅次于县委书记），一般也是该县的县委副书记。

什么是五刑？

五刑分为奴隶制五刑和封建制五刑两种。

奴隶制五刑包括：墨、劓、剕（也作腓）、宫、大辟。墨刑指的是在额头上刻字涂墨；劓刑是指割鼻子；剕刑意指砍脚；宫刑即毁坏生殖器；大辟就是死刑。奴隶制五刑从夏朝开始逐步确立，是一种野蛮的、惨无人道的、故意损伤受刑人肌体的刑罚。

奴隶制五刑是由五行相克而产生的。《逸周书逸文》上说："火能变金色，故墨以变其肉；金能克木，故劓以去其骨节；木能克土，故劓以去其鼻；土能塞水，故宫以断其淫；水能灭火，故大辟以绝其生命。"

进入封建社会以后，奴隶制五刑逐渐被废除。西汉初年，文

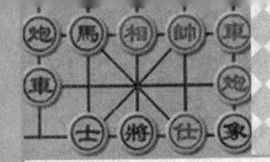

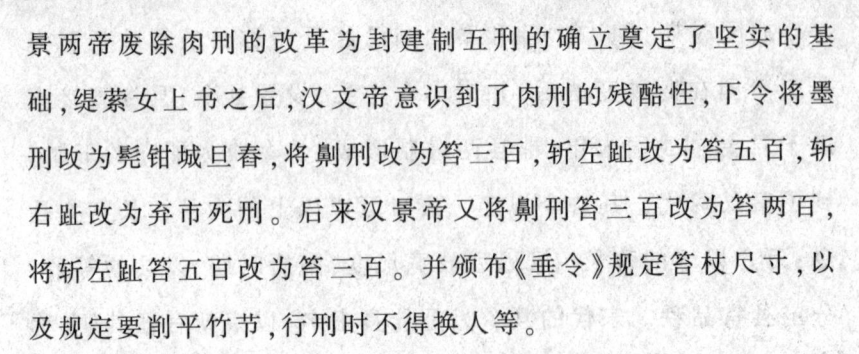

景两帝废除肉刑的改革为封建制五刑的确立奠定了坚实的基础，缇萦女上书之后，汉文帝意识到了肉刑的残酷性，下令将墨刑改为髡钳城旦舂，将劓刑改为笞三百，斩左趾改为笞五百，斩右趾改为弃市死刑。后来汉景帝又将劓刑笞三百改为笞两百，将斩左趾笞五百改为笞三百。并颁布《箠令》规定笞杖尺寸，以及规定要削平竹节，行刑时不得换人等。

后来北魏时期又首创了"徒刑"，进一步推动了封建制五刑的确立。

到了隋朝，《开皇律》正式确立了封建制五刑：笞、杖、徒、流、死。其中死刑分为绞刑和斩刑两种；流行分为三等：流一千、一千五和两千；徒刑分为五等：一年到三年，以半年为等差；杖刑分为：笞六十到一百，以十为等差；笞刑分为五等：十到五十，以十为等差。上述这几种主刑都是针对男性犯人而言的，对于女性犯人，封建制五刑则是指：刑舂，拶刑，杖刑，赐死，宫刑。

封建制五刑一直为封建历朝历代所沿用，它减轻了刑罚的残酷性，为社会保留了必要的劳动力。这标志着中国刑罚制度的重大进步。

"十恶不赦"中的"十恶"是指什么？

人们在形容一个人罪大恶极、罪无可恕时，常用"十恶不赦"这个成语。在现代汉语中，"十恶"并非实指，而是泛指重大的罪行。但是，在我国古代，"十恶"却是实指十种重大罪行。

其具体内容如下：

（1）谋反，指企图推翻朝政。这在历代都被视为十恶之首。

（2）谋大逆，指毁坏皇室的宗庙、陵墓和宫殿。

（3）谋叛，指背叛朝廷。

（4）恶逆，指殴打或谋杀祖父母、父母、伯叔等尊长。

（5）不道，指杀无死罪者或杀人后而肢解的行为。

（6）大不敬，指冒犯皇室尊严。通常为偷盗皇帝祭祀的器具和皇帝的日常用品，伪造御用药品以及误犯食禁等等。

（7）不孝，指不孝敬祖父母、父母，或在守孝期间结婚、作乐等。

（8）不睦，即谋杀某些亲属，或女子殴打、控告丈夫等。

（9）不义，指官吏之间互相杀害，士卒杀长官，学生杀老师，女子知道丈夫死了，不伤心或立即改嫁等。

（10）内乱，亲属之间通奸或强奸等。

"三堂会审"是怎么来的？

在中国封建时代的政治制度内部，有一个很重要的制约系统，即对官僚机构和官吏的监察。公元前221年，秦统一中国后，秦始皇在皇帝之下设置了三个最重要的官职，即丞相、太尉、御史大夫，并称三公。其中丞相掌政务，太尉掌军务，御史大夫掌监察。这种体制奠定了中国封建官僚制度的基本格局。汉承秦制，监察机构称作御史台，长官为御史大夫。到了唐代，监察机构内部形成严密的三院制，其监察制度还有一个重要特点就是御史可以参与司法审判，若遇重大案件，皇帝会下诏由刑

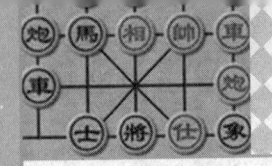

部、御史台、大理寺共同审理,这种方式一直延续到明清,人们称之为"三堂会审"。

明朝改御史台为都察院,与刑部、大理寺合称"三法司",为中央最高审判机关,凡"三法司"参与的审判即称为"三司会审",俗称"三堂会审"。那么,为什么把"三法司"会审称为"三堂会审"呢?

这是因为刑部、大理寺、都察院这三法司的司法长官正式办公的地点都是衙署的大堂,俗称"堂官"。三堂会审时,在刑部大堂设有三张案桌,刑部堂官尚书是主审官,坐在面南的桌案后,而大理寺、都察院的长官则分坐在东西相对的两张桌案后,审案过程中三人均有发言权,最后协同作出统一的审判结果。

什么是朝审?

朝审是明朝的一种审判制度。在秋后处决犯人之前,皇帝往往会召集朝廷大臣共同复审死罪囚犯。这实际上是一种会审复核制度,表示对生命的重视。

朝审制度开始于天顺三年(公元1459年),即明英宗时期,明英宗认为人命关天,一旦处死就无法生还,所以需要非常慎重。因此英宗规定,在每年的霜降以后,对将要处决的重案囚犯进行重新复审,参加会审的大臣除了三法司(即刑部、大理寺、都察院)以外,还有公侯、伯爵等,在吏部尚书或户部尚书的主持下进行会审。

朝审的地点一般设在承天门外,仪式由吏部尚书主持,如果

死囚犯人喊冤，或者有的官员认为案件可疑、可矜（即值得怜悯），则需要认真复审，然后报请皇帝裁决。

一般朝审的死刑犯都是普通的死罪犯人，"决不待时"（即不等到秋冬季节就执行死刑）的重犯不在朝审之列。因此，在秋后处决的死罪犯都是一般的杀人犯、严重的盗窃犯等等。

朝审到了清代发展为两种：秋审和朝审，分别审理各省上报和刑部在押的死刑犯。

什么是秋审？

秋审是清朝复审各省死刑案件的一种制度，因在每年秋季举行而得名，由明朝发展而来。清朝继承明朝的朝审制度，又有进一步的发展变化，清朝将朝审发展为两种，即朝审和秋审。这两种审判方式在形式上是基本相同的，只是审判的对象有所区别。秋审的对象是复审各省上报的被处以死刑的囚犯，而朝审则是复审刑部在押的死刑犯。

秋审始于顺治十五年，即公元1658年。它首先要求各省的督抚把自己省内所有被判处斩和斩监候（相当于现代的死缓）的案件会同布政使、按察史复审，分别提出四种处理意见：

（1）情实。罪情属实，罪名恰当，即奏请执行死刑。

（2）缓决。案情虽然属实，但危害性不大，可减为流三千里，或减发烟瘴极边充军，或再押监候办。

（3）可矜。案情属实，但有可矜或可疑之处，可免除死刑，一般减为徒、流。

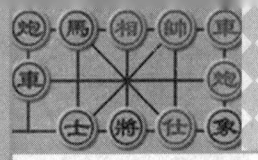

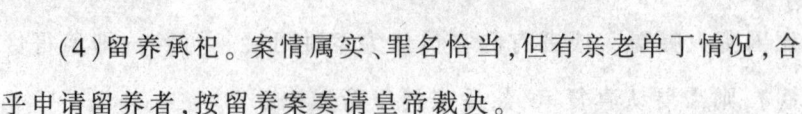

（4）留养承祀。案情属实、罪名恰当，但有亲老单丁情况，合乎申请留养者，按留养案奏请皇帝裁决。

经过上述步骤之后，要将有关案件的情况汇报给刑部，而涉案囚犯则集中到省城关押。在每年的八月，中央各部院长官会审后，提出处理意见，奏报皇帝审批。如果确认了情实，到秋后就会处决。缓决如果连续了三次，就可以免去死罪，从轻发落。如果是可矜，也可免死等。可疑的案件则退回各省重新审理。

秋审的出现，首先加强了中央集权，将人犯的生杀大权集中到中央政府和皇帝手中，使死刑判决"皆出于上"。其次，秋审体现了对死刑的重视，因为人死不可复生，判决是否正确得当直接影响到朝廷和皇帝的威信。再次，秋审的判决往往取决于当时的社会形势，如果正处于治安混乱时期，判决往往会加重，因为封建统治者往往信奉"乱世当用重典"的治国策略；如果是太平盛世，为了体现"皇恩浩荡"，判决往往会从轻。

文学典籍篇

文学典籍叢書

什么是歇后语？

最早出现"歇后"这一名称是在唐代。在《旧唐书·郑綮列传》中就已提到过所谓"郑五歇后体"，不过这里的"歇后"指的是一种"歇后"体诗。

歇后语作为一种语言形式和语言现象，早在先秦时期就已经出现。如《战国策·楚策四》上有云："亡羊补牢，未为迟也。"意思就是说，丢失了羊再去修补羊圈，还不算太晚。

歇后语是我国人民在生活实践中创造的一种特殊语言形式，一般由两个部分组成，前半部分是形象的比喻，仿佛谜语的谜面，后半部分是解释、说明，仿佛谜语的谜底。在一般情况下，通常说出前半部分，"歇"去后半部分，就可以领会和猜测出它的实际意思，所以称其为歇后语。

歇后语是我国独特的语言形式，具有鲜明的民族特色和浓郁的生活气息。它幽默风趣、耐人寻味，是深受广大人民群众喜爱的一种语言形式。

从古至今，在我国民间流传着很多耐人寻味、影响深远的歇后语，比如：十五个吊桶打水——七上八下；和尚打伞——无法无天（无发无天）；父亲向儿子磕头——岂有此理（岂有此礼）；外甥打灯笼——照旧（舅）；哑巴吃黄连——有苦说不出；秀才遇到兵——有理说不清；盲人吃汤丸——心中有数；丈二的和尚——摸不着头脑；王熙凤害死尤二姐——心狠手毒；矮子坐高凳——上下两难等等。

什么是谚语？

谚语是人民群众口头流传的一种约定俗成的固定语句,用简单通俗的话来反映深刻的道理,是民众丰富智慧和普遍经验的规律性总结。恰当地运用谚语可以使语言更加活泼风趣,增强文章的表现力。谚语大部分在民间口语中广泛流传,用以表达人们丰富的社会生活经验,闪烁着人民智慧的光芒。谚语不但是我们中华民族的结晶,同时在国外也广为流传。

谚语反映的内容涉及到社会生活的各个方面。从内容上来看,大体分为以下五种:

(1)气象谚语

这是人们在长期的生产实践中,观察气象所得出的经验总结,如:蚂蚁搬家蛇过道,明日必有大雨到;日落胭脂红,无雨也有风;朝霞不出门,晚霞行千里。

(2)农业谚语

这是农民在生产实践中总结出来的农事经验,如:冬天麦盖三层被,来年枕着馒头睡;庄稼一枝花,全靠肥当家。

(3)保健谚语

这是人们根据卫生保健知识概括出来的,如:冬吃萝卜夏吃姜,免得医生开药方;笑一笑,十年少,愁一愁,白了头。

(4)社会谚语

社会谚语范围很广,泛指为人处世、待人接物、治家治国等方面的谚语,如:量小非君子,无度不丈夫;人不可貌相,海水不可斗量;若要人不知,除非己莫为;良药苦口利于病,忠言逆耳利

于行。

(5)学习谚语

学习谚语多是学习经验的总结,如:刀不磨会生锈,人不学会落后;世上无难事,只要有心人;一寸光阴一寸金,寸金难买寸光阴。

什么是诗?

诗是文学体裁的一种,诗的语言有节奏、讲韵律,并且能反映生活、抒发情感。在我国古代,不合乐的称为诗,合乐的称为歌。另外,诗也是我国古代文学作品《诗经》的一种简称。

诗又有广义和狭义之分。广义的诗,是一切艺术(包括作为语言艺术的文学)的通称,是自然美、艺术美和人生美的代名词。作为艺术的通称,一切艺术都可以称为诗:音乐是在时间坐标上流动的诗;绘画、雕塑是二维或三维空间里的具象的诗;建筑是对空间进行格式化的诗;舞蹈是人的形体语言在时间和空间一同展开的诗;散文、小说是无韵的诗等等。

狭义的诗,仅仅是指从巴比伦英雄史诗《吉尔伽美什》以来,尤其是中国的《诗经》和古希腊的荷马史诗以来,几千年来一直被创作、传播着,在中国近代以前一直被奉为文学正宗的那种文体。

诗起源于人类劳动。原始人一边劳动,一边发出单纯而有节奏的声音,用以忘却劳动带来的疲劳和痛苦、振奋精神和士气以及协调彼此的动作。这种单纯而有节奏的呼叫声后来逐渐发展成为抒发劳动者自身情感的诗歌。

《诗经》在先秦时期被称为《诗》，是我国第一部诗歌总集，收录了自西周初年至春秋中叶500多年的诗歌，共计311篇，也称作《诗三百》。

古诗和古体诗是同一个概念吗？

在小学语文课本中，常常有"古诗两首"或"古诗三首"之类的课文。其实，"古诗"是个含义非常广泛的词语。广义的"古诗"，包括中国古代文学作品中的所有诗歌作品。而小学语文课本中的古诗大部分都是律诗和绝句，古诗不仅仅指律诗和绝句，律诗和绝句只是古诗中的一个部分。通常所说的"古诗"，包括"古体诗"和"近体诗"两大类。

古体诗是唐代人对唐朝以前诗歌的总称，包括汉魏六朝各种形式的诗歌，如汉魏乐府、南北朝民歌、六朝文人诗、杂体诗等等。古体诗的特点是每首句数不限，字数有四言、五言、六言、七言、杂言不等，不讲究平仄对仗。唐朝以后的人仿照古诗的形式所写的诗歌也称作古体诗，一般称为"古风"。近体诗是一种和古体诗相对的诗歌体裁，是唐代出现的格律诗，分为律诗和绝句两类。

近体诗中的律诗格律严格，篇有定句（每首八句），句有定字（五字或七字），字有定声（平仄相对），联有定对（中间两联对仗）。所以小学语文课本中的古诗，绝大部分是近体诗，即律诗和绝句，仅有少量的古体诗，例如骆宾王的《咏鹅》，即属于古体诗的杂体诗类。

什么是词？

词是诗的别体，是唐代开始兴起的一种新的文学形式。到了宋代，经过不断的发展，进入了全盛时期。词又称为曲子词、长短句、诗余，是配合宴乐乐曲而填写的歌诗。

词都有词牌，词牌就是词的调子，不同的词牌在总句数、句数，每句的字数、平仄上都有规定。关于词牌的来源，大约有下面三种情况：

（1）本来是乐曲的名称。比如《菩萨蛮》，据说唐代大中初年，女蛮国进贡，她们梳着高髻，戴着金冠，满身璎珞（璎珞是身上佩挂的珠宝），像菩萨。因此，当时的教坊谱成《菩萨蛮曲》。

（2）摘取一首词中的几个字作为词牌。例如《忆秦娥》，因为按照这个格式写出的最初一首词开头两句是"箫声咽，秦娥梦断秦楼月"，所以词牌就叫《忆秦娥》，又叫《秦楼月》。《忆江南》原名《望江南》，又名《谢秋娘》，因为白居易有一首咏"江南好"的词，最后一句是"能不忆江南"，所以词牌叫做《忆江南》。《念奴娇》也叫《大江东去》，因为苏轼有一首《念奴娇》，第一句是"大江东去"。《如梦令》原名《忆仙姿》，后改名《如梦令》，这是因为后唐庄宗所写的《忆仙姿》中有"如梦，如梦，残月落花烟重"等句。

（3）本来就是词的题目。《踏歌词》咏的是舞蹈，《舞马词》咏的是舞马，《欸乃曲》咏的是泛舟，《渔歌子》咏的是打渔，《浪淘沙》咏的是浪淘沙，《抛球乐》咏的是抛绣球，《更漏子》咏的是夜。这种情况是最普遍的。凡是词牌下面注明"本意"的，即是说明词牌同时也是词题，不另有题目了。

词大致可分为三类：

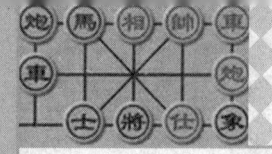

小令：五十八字以内为小令；

中调：五十九至九十字为中调；

长调：九十一字以外为长调。

按照风格来划分，词可以分为婉约派和豪放派两大类。婉约派的代表人物主要有：南唐后主李煜、宋代的李清照、柳永、秦观、周邦彦、晏殊等；豪放派的代表人物主要有：辛弃疾、苏轼、岳飞、陈亮、陆游等。

什么是元曲？

元曲原本来自"蕃曲"、"胡乐"，最初只在民间流传，被称为"街市小令"或"村坊小调"。随着元朝灭宋入主中原，这些所谓的"蕃曲"、"胡乐"先后在大都（今北京）和临安（今杭州）为中心的南北各地流传开来。

元曲属于一种新格律诗，和宋词的"词牌"相对应，元曲有自己的"曲牌"，并且也有一定的格律定式，即每一曲牌的句数、字数、平仄等都有格律规范，但是它允许在定式中加"衬字"，部分曲牌还可以增加句子。因此我们经常可以看到在曲牌规定为三字句处，实际却为五字句；规定为五字句处，实际为八字句；也可以看到七句的曲牌，实际却为八句等现象。这就使得作者可以根据实际需要做相应的调整。从而使元曲具有了"格律与自由相统一"的全新特征。

元朝是元曲的鼎盛时期。一般来说，元曲是杂剧和散曲的合称。不过，元杂剧的成就和影响远远超过散曲，因此，"元曲"一般

单指元杂剧。

什么是杂剧？

元杂剧是用北曲（北方的曲调）演唱的一种戏曲形式。金末元初时期产生于中国的北方地区。是在金院本基础上和诸宫调的影响下发展起来的。

元杂剧是一种完整的戏剧形式，有其自身独特的特点和严格的体制，它融歌唱、说白、舞蹈等于一体，并且产生了韵文和散文结合、结构完整的文学剧本。

从结构上讲，一本杂剧通常由四折组成。一折相当于现代戏剧的一幕或一场。四折一般分别是故事的开端、发展、高潮和结局。四折之外可以加一二个楔子。楔子一般放在第一折之前，用以介绍剧情，相当于现在的序幕；也有的放在两折之间，相当于后来的过场戏。也有一些杂剧突破了一本四折的形式，比如《西厢记》就是五本二十一折的连本戏。

从音乐上讲，杂剧的每折用同一宫调的若干曲牌组成套曲。宫调，即调式，相当于现代音乐的C调、D调等。曲牌，即曲调的名称，每个曲牌都属于一定的宫调。剧本中每套曲子的第一支曲子前面都标明宫调。比如《窦娥冤》第三折第一支曲子标示的"正宫""端正好"，表示这一折自"端正好"以下各曲均属于"正宫"。

杂剧的角色分为末、旦、净三大类。末又可分为外末、副末、冲末、大末、小末；旦又可分为正旦、外旦、贴旦、老旦、花旦；净又可分为副净、二净等。其中正末为男主角，正旦为女主角。

杂剧的舞台演出由"唱""白""科"三部分组成。唱是杂剧的

主要部分。一剧四折通常都由主角一人唱到底，其他角色有白无唱。白，即宾白，是剧中人的说白，因为杂剧以"唱为主，白为宾，故曰宾白"。有散白、韵白，分为对白、独白、旁白、带白等。除此之外，剧本还规定了主要动作、表情和舞台效果等，称为"科范"，简称"科"。

什么是散曲？

散曲是由诗词演化而来、可以配乐演唱的歌曲，起源于民间小曲和少数民族音乐。散曲的形式简单、坦率真挚、纯朴清新，所以深受人民大众的欢迎。

散曲又被称为"清曲"、"乐府"，可以分为两类：小令与套曲。

小令也叫"叶儿"，是散曲中最早产生的体制。一般来讲，小令是单只曲子，但还包括"带过曲"与"重头小令"。"带过曲"指的是三个以下的单只曲子的联合，但必须属于同一宫调，并且音乐衔接，同押一韵。"重头小令"由同题同调、内容相联、首尾句法相同的数支小令联合而成，支数不限，每首可各押一韵。

套曲的体制主要有三个特征：

（1）由同宫调的两个以上的只曲组成，宫调不同而管色相同者，也可"借宫"；

（2）一般说来应有尾声；

（3）全套必须同押一韵。

与诗、词相比，散曲有自己的一些特点：

（1）它与词一样，是长、短句形式，但是能在正字之外加衬字，所以更加灵活，更适合使用口语。衬字一般加在句首或句中，

不能加在句尾。

（2）曲韵与诗韵、词韵不同，使用的是当时北方话音韵。协韵方法是通押一韵，不换韵。

（3）对仗形式更加丰富，除了诗、词的偶句作对外，三句、四句皆可对，还有隔句对、联珠对等。

什么是赋？

汉赋是汉代流行的一种文学体裁。赋是一种介于诗歌和散文之间的文学体裁，讲究文采、韵节。在《史记》和《汉书》中，屈原的作品均被称为赋，鉴于《史记》和《汉书》在文学史上的地位，所以后人便把屈原等人作品称为赋。

汉赋由《楚辞》发展而来，并吸取了荀子《赋篇》的体制以及纵横家的铺张手法。分为小赋和大赋两种。小赋多为抒情作品。大赋多写宫观园苑之盛和帝王穷奢极侈的生活。

"赋"的名称最早见于战国后期荀况的《赋片》。但是到了汉代，人们常把赋和辞连用，称为辞赋。这是因为汉赋多是模仿楚国屈原、宋玉等人的作品，辞赋连用，表示汉赋和《楚辞》之间的继承关系。

把"赋"字用作文体的第一人是司马迁。在汉文帝时期，"诗"已设立博士，成为经学。在这种背景下，称屈原的作品为诗是极为不妥的，但屈原的作品又往往只能诵读不可歌唱，用"歌"命名也不恰当。于是，司马迁就采取了"辞"与"赋"这两个名称。历史上第一个把自己的作品称为赋的作家是司马相如。此后，文人们就常以"赋"命名自己的作品了。

汉赋在流传过程中多有散佚，现存作品只有200多篇，分别收录在《史记》、《汉书》、《后汉书》和《文选》中。历史上最著名的汉赋名家主要有：司马相如、扬雄、班固、张衡四人，被后世誉为"汉赋四大家"，主要作品有司马相如的《子虚赋》，扬雄的《长杨赋》、《羽猎赋》，班固的《两都赋》，张衡的《东京赋》、《西京赋》等。

从内容上看，汉赋的思想意义主要表现在以下两个方面：

（1）许多汉赋都描写了祖国山川的壮丽，疆土的辽阔，物产的丰盈，城市的繁荣等等，从不同角度突出了汉朝一统天下的雄伟气魄，读时让人热血沸腾，充满民族自豪感。

（2）汉赋作家的地位虽然稍逊于诗词名家，但他们坚持以文学为武器来反映社会现实，在一定程度上对统治阶级的奢靡黑暗进行了揭露和批判。

什么是小说？

小说是一种通过塑造人物、叙述故事、描写环境来反映生活、表达思想感情的文学体裁。

简单地说，小说是以塑造人物形象为中心，通过故事情节的叙述和环境的描写反映社会生活。因此，小说主要有三个要素，即人物形象、故事情节、环境（自然环境和社会环境）。小说反映社会生活的主要手段就是塑造人物形象。小说中的人物，我们称其为典型人物。这个人物是作者根据现实生活中的人物为原型，"杂取种种，合而为一"创作出来的。小说塑造人物的手段可以是概括介绍，也可以是具体描写；可以描写人物的外貌，也可以刻

画人物的内在心理；可以只叙述人物的语言行为，也可以夹叙夹议；可以正面起笔，也可以侧面烘托。小说的故事情节来源于现实生活，但比现实生活中发生的真事更集中、更完整、更具有代表性。现实生活中的事件和矛盾总是有始有终、有起有伏，并有一定发展过程的，因此小说情节的展开，也是有段落、有过程的，这个过程一般分为开端、发展、高潮、结局四个部分，有时还包括序幕和尾声。小说中的环境描写和人物的塑造以及中心思想有极其重要的关系。在环境描写中，社会环境是重点，因为它揭示了种种复杂的社会关系，比如人物的身份、地位、成长的社会背景等等。自然环境包括人物活动的时间、地点、气候等等。自然环境的描写对表达人物的心情、渲染气氛都有一定的烘托作用。

"虚构性"是小说的本质。"捕捉人物生活的感觉经验"是小说竭力要挖掘的艺术内容，其感觉经验越是新鲜、细微、独特、准确、深刻，就越是小说化。"虚构性"和"捕捉人物生活的感觉经验"是上述要素中最能体现小说性质的东西。

写小说和写作文一样，要注重描写和选材。一部好的小说必须让人有身临其境的感觉，而不能像作报告那样枯燥。作者要以优美的文笔、生动的描写和丰富的想象把这个故事牢牢地印刻在读者的脑海里。

小说是怎么形成的？

"小说"一词最早出现在《庄子·外物》中："夫揭竿累，趣灌渎，守鲵鲋，其于得大鱼难矣；饰小说以干县令，其于大达亦远矣。""县"在古代通"悬"字，意思是高；"令"，意思是美；"干"，意

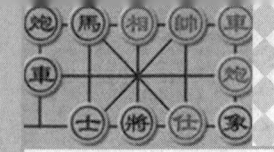

思是追求。这句话的大概意思是说：举着细小的钓竿钓绳，奔走于灌溉用的沟渠之间，只能钓到泥鳅之类的小鱼，而想获得大鱼可就难了。靠修饰琐屑的言论以求高名美誉，那和玄妙的大道相比，可就差得远了。

如果要追溯小说的起源，主要有下面三个方面：

（1）神话传说

尽管古代文献对神话传说的记载十分简略，但我们仍然可以从中看到故事情节和人物性格这两种重要的小说因素。小说原来只在口头流传，后来有些被采入正史，遂逐渐固定下来；有些则继续口头流传并不断丰富和发展，增添了很多新的故事情节。这些继续在人们口头上的流传的传说一旦被记录下来，就成为具有浓厚小说意味的逸史。我们可以认为逸史是中国小说的直接源头，逸史中最接近小说或者可以视为早期小说的，莫过于《穆天子传》和《燕丹子》。

（2）寓言故事

《孟子》、《庄子》、《韩非子》、《战国策》等书中都有不少人物性格鲜明的寓言故事，它们已经初步具备了小说的意味。

（3）史传

在《左传》、《战国策》、《史记》、《三国志》等史传中，有很多描写人物性格，叙述故事情节的素材，它们或为小说提供了素材，或为小说积累了叙事的经验。

什么是楚辞？

"楚辞"的名称始见于《史记·酷吏列传》，本意是指楚地的言

辞，后来逐渐发展成为两种含义：一种是诗歌的体裁，另一种是诗歌总集的名称。从诗歌体裁来讲，它是战国后期以屈原为代表的诗人，在楚国民歌基础上创作的一种新诗体。从总集名称来讲，它是西汉刘向在前人的基础上编辑整理的一部"楚辞"体的诗歌总集，收录了战国楚人屈原、宋玉的作品以及汉代贾谊、淮南小山、庄忌、东方朔、王褒、刘向等人的仿骚作品。目前存世最早的注本是东汉王逸的《楚辞章句》。

楚地是一个历史的地域概念，大致相当于今湖北全境和湖南北部以及周边一些地区。楚辞采取楚国方言，运用楚地声调，记载了楚国的地理，描写了楚国的风物，富有浓厚的楚国地方特色。楚辞多运用比喻、夸张等手法和神话故事，表现思想感情，具有浓郁的浪漫主义色彩。楚辞的句子参差，形式活泼，多用"兮"字。与《诗经》相比，更富有表现力，既能表达缠绵宛转之情，又增添了抑扬顿挫的音乐美。

汉武帝时期，刘向整理古籍，把屈原、宋玉等人的作品编辑成书，定名为《楚辞》，从此，"楚辞"成为一部诗歌总集的名称。《楚辞》是我国第一部浪漫主义诗歌总集，由于《楚辞》之中主要是屈原的作品，其代表作是《离骚》，因此后人又把"楚辞"称为"骚体"。《楚辞》对后世的文学创作影响深远，是我国积极浪漫主义诗歌创作的源头。

什么是骈文？

骈文是魏晋以来产生的一种文体，也称为"骈体文"、"骈俪文"或"骈偶文"。因其常用四字、六字句，所以又称"四六文"或

"骈四俪六"。骈文全篇以双句（俪句、偶句）为主，讲究对仗的工整和声律的铿锵。中国散文从汉代到六朝，出现了"文"、"笔"的对立。所谓"文"，就是专门注重辞藻华丽，受字句和声律约束的骈文；所谓"笔"，就是专门以达意明快为主，不受字句和声律约束的散文。"文""笔"分裂以后，骈文就成了和散文相对举的一种文体。

　　由于骈文过分注重形式技巧，所以往往束缚内容的表达，但如果运用得当，同样能增强文章的艺术效果。南北朝时期骈文中也不乏内容深刻的作品，比如鲍照的《芜城赋》，通过对比广陵昔盛今衰的兴亡变化，揭露了统治阶级的奢华无度；孔稚珪的《北山移文》，深刻地嘲讽了身在江湖、心在魏阙的假隐士；庾信的《哀江南赋》，通过描写自己的悲惨身世，谴责了梁朝君臣的昏庸，表达了对故国的怀念之情。这些皆不失为优秀的骈文。唐代以后，骈文日趋完善，出现了通篇四、六句式的骈文，所以在宋代一般又把骈文称为四六文。一直到清末，骈文仍很流行，清末的王闿运是骈文的最后一个作家。

什么是乐府？

　　乐府是汉代封建王朝设立的管理音乐的一个宫庭官署机构。乐府起始于秦代，汉代沿用了秦时的名称。根据《汉书·礼乐志》记载，汉武帝时，正式设立采集各地歌谣和整理、制订乐谱的机构，名叫"乐府"。后来，人们就把这一机构收集并制谱的诗歌，称为乐府诗，简称为乐府。

　　到了唐朝，这些乐府诗歌的乐谱虽然大部分早已失传，但这

种形式却保留了下来，成为一种没有严格格律、近于五七言古体诗的诗歌体裁。唐代诗人所作的乐府诗，有沿用乐府旧题以写时事，借以抒发自己情感的，如《塞上曲》、《关山月》等，也有即事名篇，自拟新题以反映现实生活的，如杜甫的《兵车行》、《哀江头》等。

迄今为止，乐府诗的很多代表作品仍然广为人们传诵，比如：《陌上桑》、《长歌行》、《上邪》、《十五从军征》、《孔雀东南飞》等，前四者可见于宋代郭茂倩编的《乐府诗集》，后者可见于南朝徐凌编的《玉台新咏》。

"乐府双璧"是指哪两部作品？

"乐府双璧"是指《木兰诗》和《孔雀东南飞》，是汉代古乐府民歌（汉乐府）中最著名的两大代表作。

《木兰诗》，也叫《木兰辞》，是我国南北朝时期北方的一首长篇叙事民歌，记述了木兰女扮男装，代父从军，征战沙场，凯旋回朝，建功受封，辞官还家的故事。这首诗塑造了木兰这一不朽的人物形象：木兰既是奇女子又是普通人，既是巾帼英雄又是平民少女，既是矫健的战士又是娇美的女儿。

《孔雀东南飞》又名《古诗为焦仲卿妻作》，是汉代古乐府民歌的杰作之一，也是现存下来的最早的一首长篇叙事诗。它叙述的是东汉献帝年间，发生在庐江郡（今属安徽省）的一桩婚姻悲剧：汉末建安年间，一个名叫刘兰芝的少女，美丽、善良、聪明、勤劳。她与焦仲卿结婚后，夫妻二人互敬互爱、感情深厚，偏执顽固的焦母却看她不顺眼，百般挑剔，并逼迫焦仲卿将她驱逐出去。

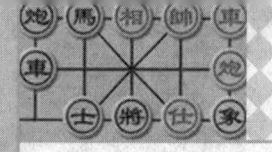

焦仲卿迫于母命，无奈只得劝说兰芝暂避娘家，待日后再设法接她回家。分手时二人盟誓，永不相负。谁知兰芝回到娘家后，趋炎附势的哥哥逼她改嫁太守的儿子。焦仲卿闻讯赶来，两人约定"黄泉下相见"。最后在太守儿子迎亲的当天，二人双双殉情。

《孔雀东南飞》通过刘兰芝和焦仲卿这对恩爱夫妇的爱情悲剧，控诉了封建礼教、家长制度以及门阀观念的罪恶，表达了青年男女要求婚姻自由、爱情自主的合理愿望。女主人公刘兰芝对爱情忠贞不二，她对封建礼教所作的不折不挠的斗争，使她成为文学史上富有叛逆色彩的妇女代表，成为历代青年男女传颂的佳话。

《诗经》在文学史上有着怎样的地位？

《诗经》是我国第一部诗歌总集，收录了自西周初年至春秋中叶500多年的诗歌，共计311篇，所以又称《诗三百》。先秦时期称为《诗》，到了西汉时期被尊为儒家经典，始有《诗经》的称呼，并一直沿用至今。

《诗经》分为风、雅、颂三个部分。其中"风"包括"十五国风"，共计160篇；"雅"分"大雅"、"小雅"，共计105篇；"颂"分"周颂"、"鲁颂"、"商颂"，共计40篇。

《诗经》的"六义"是指风、雅、颂、赋、比、兴，前三个说的是内容，后三个说的是手法。"风"的意思就是声调。"雅"是"王畿"之乐，这个地区周人称之为"夏"，"雅"和"夏"在古代通用。雅有"正"之意，当时人们把王畿之乐看成是正声——典范的音乐。"颂"是专门用于宗庙祭祀的音乐。"赋"，按朱熹《诗集传》中的说

法,"赋者,敷也,敷陈其事而直言之者也"。即赋是铺陈叙述,是最基本的表现手法。"比",引用朱熹的解释就是"以彼物比此物",即为比喻之意。"兴"是《诗经》乃至中国诗歌中最为独特的手法。"兴"字的原意是"起",因此又称为"起兴",在诗歌中起着渲染气氛、创造意境等作用。《诗经》中的"兴",朱熹解释为"先言他物以引起所咏之辞",即为借助其他事物为所咏之内容作铺垫。

《诗经》中的民歌部分表现了一种"饥者歌其食,劳者歌其事"的现实主义精神,这对后世的文学创作影响很大,它推动诗人、作家去关心国家的命运和人民的疾苦,而不是把文学仅仅看成流连光景、消遣闲情的肤浅之物。

《尚书》具有怎样的文学价值？

《尚书》原称为《书》,到了汉代才改称为《尚书》,在我国古代,"尚"与"上"通用,所以《尚书》意思是"上代之书"。

《尚书》相传为孔子编撰而成,但有些篇是后来儒家学者们补充进去的。西汉初仅存28篇,因用汉代通行的文字隶书抄写,所以称为《今文尚书》。相传在汉武帝时,有人从孔子住宅墙壁中发现了《古文尚书》(现只存篇目和少量佚文),到了东晋时,梅赜又进献了伪《古文尚书》(比《今文尚书》多16篇)。现在通行的《十三经注疏》本《尚书》,就是《今文尚书》和伪《古文尚书》的合编本。

《尚书》是一部记载上古史事的散文集,也是我国散文的一个源头。它的内容和形式都对后世产生了深远的影响。《尚书》按

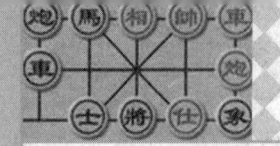

时代的先后，分为《虞书》、《夏书》、《商书》和《周书》四个部分，共计100篇。首先，自《尚书》起，我国散文的表达水平具体而生动起来。其次，《尚书》载言记事，多为以后的历史散文和诸子散文所引用。再次，《尚书》中的文章，共有6种文体，即典、谟、训、诰、誓、命，这六种文体多被后世模仿。

"四书五经"是指哪几部书？

"四书五经"是四书和五经的合称，都是中国儒家的经典书籍。四书是指《论语》、《孟子》、《大学》和《中庸》；五经是指《诗经》、《尚书》、《礼记》、《周易》和《春秋》，简称"诗、书、礼、易、春秋"，还有一本书叫《乐经》，合称为"诗、书、礼、乐、易、春秋"，并称为"六经"。但是《乐经》早已亡佚，所以现在只剩下五经。在南宋以后，《四书五经》成为儒学的基本书目，是儒生学子的必读之书。

南宋学者朱熹将《礼记》中的《大学》、《中庸》两篇拿出来单独成书，和《论语》、《孟子》合称四书。据说，它们分别出自于早期儒家的四位代表人物曾参、子思、孔子、孟子，所以称为《四子书》，也称《四子》，简称为《四书》。

五经相传是儒家创始人之一的孔子编纂或修订而成。儒家本来有《诗经》、《尚书》、《仪礼》、《乐经》、《周易》和《春秋》六经。秦始皇统一中国后，曾经"焚书坑儒"，将大批儒学典籍付之一炬，《乐经》从此失传。

东汉在五经基础上加上《论语》、《孝经》，共七经；唐时又加上《周礼》、《礼记》、《春秋公羊传》、《春秋谷梁传》、《尔雅》，共十

二经；宋时又加了《孟子》，后有宋刻《十三经注疏》传世。"十三经"遂成为儒家文化的基本著作。

但是从传统角度来说，《易》、《诗》、《书》、《礼》、《春秋》属于"经"；《左传》、《公羊传》、《谷梁传》属于"传"；《礼记》、《孝经》、《论语》、《孟子》属于"记"；《尔雅》则属于汉代经师的训诂之作。因此现在只保留五经之说。

《尔雅》是怎样一部书？

《尔雅》是我国最早的一部解释词义的著作，也是我国第一部按照词义系统和事物分类来编纂的词典。作为书名，"尔"现在写作"迩"，是"近"的意思；"雅"是"正"的意思，在这里专指"雅言"，就是语音、词汇和语法等方面都合乎规范的标准语。《尔雅》的意思就是接近、符合雅言，即以雅正之言解释古语词、方言词，使之接近于规范。

对于《尔雅》的作者，历来众说纷纭、说法不一。有人认为是西周初年周公旦所作，后来由孔子及其弟子进行增补，也有人认为是由孔子及其弟子所编写的。但这两种说法都不足采信。《尔雅》成书的上限不会早于战国，因为书中所用的资料，很多都来自《楚辞》、《庄子》、《吕氏春秋》等书，而这些书都是战国时期的作品。《尔雅》成书的下限也不会晚于西汉初年，因为在汉文帝时期已经设立了《尔雅》博士，到汉武帝时期已经出现了《尔雅注》。

从《尔雅》的性质来分析，它以解释五经的训诂为主，通释群书语义的训诂汇编类著作，而训诂萌芽于春秋战国时期，到西汉

时才有较大的发展。汉代统治者力图以儒家经典来巩固自己的统治，于是尊《诗》、《书》、《礼》、《易》、《春秋》为五经，并设立五经博士，在官学里讲授经义。这就大大促进了训诂的发展和繁荣。很多经学家纷纷为先秦流传下来的儒家经典作注解，并把这些随文作释的典籍的注解汇编到一起，按照一定的体例分类编排起来，《尔雅》就是其中一部最著名的训诂汇编。它并不是某一人一时之作，而是多位儒家学士编纂、增补、整理的结晶。

现存的《尔雅》共有19篇，可分为五大类：语言类，释诂、释言、释训；人文关系类，释亲；建筑器物类，释宫、释器、释乐；天文地理类，释天、释地、释丘、释山、释水；植物动物类，释草、释木、释虫、释鱼、释鸟、释兽、释畜。

《说文解字》是怎样一部字典？

《说文解字》简称为《说文》，其作者是东汉的经学家、文字学家许慎。许慎，字叔重，东汉汝南召陵（现河南郾城县）人，是汉代有名的经学家、文字学家、语言学家，是中国文字学的开拓者。

《说文解字》成书于汉和帝永元十二年（公元100年）到安帝建光元年（公元121年），是我国第一部按部首编排的字典，《说文解字》中的部首排列是按照形体相似或者意义相近的原则排列的。

《说文解字》的体例是先列出小篆，如果古文和籀文有差异，则在后面列出。然后解释这个字的本义以及字形与字义或字音之间的关系。

《说文解字》开创了用部首检字的先河，后来的字典大多是

采用这个方式。段玉裁称赞这部书曰："此前古未有之书，许君之所独创。"

历朝历代有很多学者对《说文解字》进行研究，清朝时期最为兴盛。段玉裁的《说文解字注》、朱骏声的《说文通训定声》、桂馥的《说文解字义证》、王筠的《说文释例》、《说文句读》备受世人推崇，四人因此被誉为"说文四大家"。

司马迁是如何完成《史记》的？

司马迁，西汉著名史学家、文学家、思想家，字子长，夏阳（今陕西韩城县南）人。司马迁的父亲司马谈是汉朝的太史令，主要掌管起草文书、编写史料，兼管国家典籍、天文历法等，因此司马迁写《史记》有充分的客观条件，可谓"近水楼台先得月"。

司马迁在10岁时就开始诵读古文典籍，20岁那年开始漫游生活，其足迹遍及南北，到处考察民俗风情，采集传说。游历归来后，初任郎中，曾出使西南各地。除此之外，司马迁还多次陪同汉武帝巡狩、封禅，游历了很多的地方。这些实践活动，丰富了司马迁的历史知识和生活经验，扩大了他的胸襟和见识，最重要的是使他接触到了底层广大人民群众的实际生活，体会到了民众的思想感情和愿望，这对他后来写《史记》有极其重要的意义。

公元前110年，司马谈生命垂危，临终前他把自己著述历史的理想和愿望托付给了司马迁。三年后，司马迁继任为太史令，开始在"金匮石室"（西汉时期的国家藏书处）阅读、整理历史资料。经过了四年多的准备，在公元前104年，司马迁正式写作《史记》。

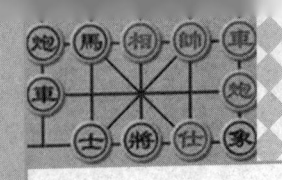

公元前99年,李陵抗击匈奴,兵败降敌,震惊整个朝野。司马迁认为李陵投降是出于一时无奈,必会寻找机会报答汉朝。当汉武帝询问他对此事的看法时,他就把自己的想法如实说了。武帝听后极为恼怒,以为司马迁是在为李陵游说。于是司马迁被下入牢狱,并于天汉三年下"蚕室",受宫刑。他受到如此的摧残和屈辱,曾想到了死,但又想到自己的著述还没有完成,决心"隐忍苟活",完成自己著作,以不枉此生。就这样,经过十年的辛勤写作,司马迁终于完成了《史记》这部历史巨著。

《世说新语》是怎样一部书？

《世说新语》是一部记载魏晋人物言谈轶事的笔记小说。由刘义庆撰。原书名为《世语》,后人为避免和刘向所叙《世说》混淆,便在题名下增字以示区别,唐朝时称《世说新书》,北宋时称为《世说新语》。全书分为德行、言语、政事、文学等36个门类,记载了上起东汉末年下至东晋时期豪门贵族和官僚士大夫的言谈轶事,较为集中地反映了这一时期的社会面貌和士大夫的思想品格。

刘义庆,彭城人,著名文学家。南朝宋武帝刘裕的侄子,袭封临川王。《宋书》本传说他"性简素,寡嗜欲",爱好文学,广招四方文学之士,聚于门下。

魏晋时期品评人物的风气非常盛行,名士们崇尚清谈,饮酒吃药("五石散"),生活不修边幅,有的故作旷达、矫情做作,有的消极颓废、玩世不恭,这些在《言语》、《品藻》、《任诞》等篇中都有一定程度的反映。《汰侈》和《俭啬》两篇主要揭露了统治阶级的

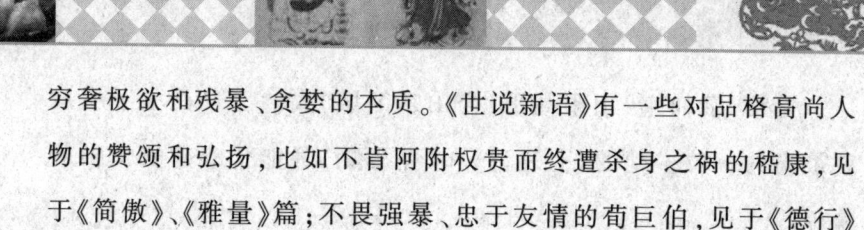

穷奢极欲和残暴、贪婪的本质。《世说新语》有一些对品格高尚人物的赞颂和弘扬，比如不肯阿附权贵而终遭杀身之祸的嵇康，见于《简傲》、《雅量》篇；不畏强暴、忠于友情的荀巨伯，见于《德行》篇。

《世说新语》的语言精练含蓄、隽永传神，是文人创作的楷模之作。作者善于以小见大、以事推人，通过生活细节来刻画人物个性。

《世说新语》对后世文学影响很大。书中有很多故事成为诗歌、小说、戏剧的典故和素材，有的成为人们常用的成语，比如望梅止渴、新亭对泣、口若悬河、一往情深、别无长物、盲人骑瞎马、夜半临深池等等。

"建安七子"是指哪七位？

"建安七子"是东汉末年建安年间七位文学家的合称，包括：孔融、陈琳、王粲、徐干、阮瑀、应玚、刘桢。

"七子"之名始于曹丕所著《典论·论文》："今之文人，鲁国孔融文举，广陵陈琳孔璋，山阳王粲仲宣，北海徐干伟长，陈留阮瑀元瑜，汝南应玚德琏，东平刘桢公干。期七子者，于学无所遗，于辞无所假，咸以自骋骥录于千里，仰齐足而并驰。"

孔融，字文举，是孔子的二十世孙，鲁国曲阜人，后来听用于曹操。孔融现存的作品只有散文和诗。作品有《荐祢衡表》、《与曹公论盛孝章书》、《杂诗》等。

陈琳，字孔璋，广陵射阳（今江苏淮安市楚州区东南）人，擅长章奏书记。其代表作品有诗歌《饮马长城窟》等。

王粲，字仲宣，山阳高平（今山东邹城）人。王粲是七子中成就最高的一位。他的《七哀诗》和《登楼赋》最能代表建安文学的精神。

徐干，字伟长，北海（今山东潍坊市）人。他的主要作品是《中论》，曹丕曾称赞此书"成一家之言，辞义典雅，足传于后。"

阮瑀，字元瑜，陈留尉氏（今河南开封）人。其代表作品是《为曹公作书与孙权》、《驾出北郭门行》等，后人曾将他的作品编辑成《阮元瑜集》。

应玚，字德琏，汝南（今河南汝南县东南）人，擅长写赋，代表性诗作为《侍五官中郎将建章台集诗》，并著有文赋数十篇。

刘桢，字公干，东平（今山东东平县）人。他的文学成就主要表现在诗歌，特别是五言诗创作方面。现存仅有十五首，《赠从弟》三首是他的代表作品。

"三曹"是指哪三位？

三曹指的是汉魏年间曹操与其子曹丕、曹植。由于他们在政治上的地位和在文学上的成就，对当时的文坛影响很大，所以后人把他们三父子合称为"三曹"。

曹操，字孟德，安徽省亳州市人。曹操20岁举孝廉为郎，后在汉末大乱中招兵买马，建立了自己的军事武装。建安元年，被封为丞相，经过官渡之战一举击败北方最大的割据势力袁绍，逐步统一了北方，成为北方的实际统治者。曹操是建安时期杰出的文学家和建安文学新局面的开创者，开创了建安文学的新风气。曹操在文学、书法、音乐等方面都有深湛的造诣，他的文学成就

主要表现在诗歌上，作品主要有《薤露行》、《蒿里行》、《苦寒行》、《步出夏门行》、《度关山》、《对酒》、《短歌行》等。

曹丕，字子桓，他在典论自序说道："余时年五岁。上以四方扰乱，教余学射，六岁而知射。又教余骑马，八岁而知骑射矣。以时之多难，故每征，余常从。"他曾多次随其父曹操南征北战，目睹了战争给人民带来的惨状，"铠甲生虮虱，万姓以死亡。白骨露于野，千里无鸡鸣。生民百遗一，念之断人肠。"所有这一切，为他以后的诗歌创作提供了真实的生活素材。曹丕擅长诗文和辞赋，其代表作有《燕歌行》、《与吴质书》等。

曹植，字子建，是曹丕的弟弟。曹植天资聪颖，才思敏捷，曾一度受到曹操的信任，几被立为太子，最后终于失败。曹操立曹丕为嗣，诛杨修，曹植逐渐失宠，曹丕即位之后，杀丁氏兄弟，曹植也受到迫害，屡改封地，名为王侯，行动却受到严格限制，如同囚徒一般。

在建安文人中，曹植的作品留存最多，对当时及后代的影响也最大。曹植是第一个大力创作五言诗的作家，他把文人五言诗的发展推到了一个前所未有的高峰，标志着文人五言诗的完全成熟，他在散文和辞赋方面也有很高的成就，其代表作品主要有《七步诗》、《洛神赋》、《与吴季重书》、《与杨祖德书》等。

"竹林七贤"是指哪七位？

"竹林七贤"指的是魏晋期间的七个文人名士，即：嵇康、阮籍、山涛、向秀、阮咸、王戎、刘伶。《魏氏春秋》上说，这七个人"相与友善，游于竹林"，号为"七贤"。

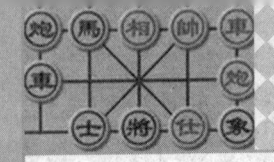

"竹林七贤"中,成就和影响最大的作家是嵇康、阮籍。其余五人,只有山涛、向秀、刘伶有作品流传至今,但数量很少,成就远远不及嵇、阮二人。

嵇康、阮籍二人神交契合,他们在思想领域和文学领域上的成就,大部分与对司马氏的政治斗争有密切联系。嵇康在文学上的主要成就是散文,代表作品是《与山巨源绝交书》,他还创作有《长清》、《短清》、《长侧》、《短侧》,合称"嵇氏四弄"。阮籍的主要成就是诗歌,其中以《咏怀》八十二首最为著名。除诗歌之外,阮籍还擅长写散文和辞赋,今存散文九篇,其中的代表性作品是《大人先生传》,赋的代表作品主要有《清思赋》、《首阳山赋》、《鸠赋》、《猕猴赋》等。

陶渊明有哪些文学成就?

陶渊明,字元亮,别号五柳先生,晚年更名潜,死后为亲友私谥靖节,东晋时期浔阳柴桑(今九江市)人。

陶渊明是汉魏南北朝八百年间最杰出的诗人,也是杰出的辞赋家和散文家。陶渊明的诗今存125首,其中四言诗9首,五言诗116首。陶渊明的文章今存12篇,其中辞赋3篇、韵文5篇、散文4篇。

陶渊明的诗感情真挚、朴素自然,但时而流露出逃避现实、乐天知命的老庄无为思想,因此,陶渊明被世人称为"田园诗人",成为田园诗派的开山鼻祖。陶渊明的诗从内容上可分为饮酒诗、咏怀诗和田园诗三大类:

(1)饮酒诗

陶渊明是我国文学史上第一个大量写饮酒诗的诗人。他的《饮酒》二十首以"醉人"的语态或指责是非颠倒、毁誉雷同的上流社会，揭露现实的腐朽黑暗，反映仕途的险恶；或表现自己退出官场后怡然自得的心情。

（2）咏怀诗

陶渊明的咏怀诗以《杂诗》十二首、《读山海经》十三首为代表。《杂诗》十二首多表现自己归隐后有志难骋、壮志难酬的政治苦闷，抒发了自己不与世俗同流合污的高洁品格。《读山海经》十三首通过吟咏《山海经》中的奇异事物，借以表达自己的情怀，如第十首借歌颂精卫、刑天的"猛志固常在"来抒发和表达自己济世志向永不熄灭的情怀。

（3）田园诗

陶渊明的田园诗数量最多，成就也最高。最著名的《桃花源诗并记》大约创作于南朝宋初年。在诗中描绘了一个乌托邦式的理想社会，表现了诗人对现实社会制度的彻底否定以及对理想世界的无限追慕的情怀。在《归园田居》中，作者将官场写成"尘网"，将身处其中比喻为"羁鸟"和"池鱼"，将退隐田园比喻为冲出"樊笼"，回返"自然"。

"初唐四杰"是指哪四位？

"初唐四杰"是我国唐代初期四位文学家王勃、杨炯、卢照邻、骆宾王的合称，简称为"王杨卢骆"。《旧唐书·杨炯传》有云："杨炯与王勃、卢照邻、骆宾王以文诗齐名，海内称为王杨卢骆，亦号为"四杰"。

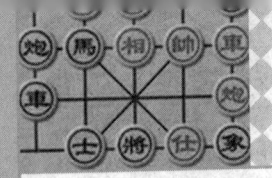

王勃，字子安，绛州龙门(今山西河津)人，他的作品主要有：《送杜少府之任蜀州》、《滕王阁序》等，著有《王子安集》。

杨炯，唐代诗人，弘衣华阴(今属陕西)人。杨炯以边塞征战诗最为著名，代表作品有《从军行》、《出塞》、《战城南》、《紫骝马》等，表现了为国立功、征战沙场的战斗精神。

卢照邻，字升之，自号幽忧子。著有《长安古意》、《卢升之集》、《幽忧子集》等。

骆宾王，字观光，婺州义乌(今中国浙江义乌)人。主要作品有《在狱咏蝉》、《讨武檄》等，作品集为《临海集》。

"李杜"和"小李杜"各指什么人？

"李杜"是唐代大诗人李白和杜甫的合称；"小李杜"则是唐代诗人李商隐和杜牧的合称。大小李杜代表了唐代诗歌创作的两大巅峰。

李白，字太白，号青莲居士，祖籍陇西成纪(今甘肃天水附近)，幼时随父迁居绵州昌隆(今四川江油)青莲乡。李白的一生，绝大部分在漫游中度过。李白的诗以抒情为主，他具有超异寻常的艺术天才和磅礴雄伟的艺术力量，是继屈原之后我国最为杰出的浪漫主义诗人，被后人誉为"诗仙"。李白的诗以浪漫、豪气大方为主，代表作有：《蜀道难》、《行路难》、《梦游天姥吟留别》、《将进酒》、《梁甫吟》、《长干行》、《子夜吴歌》、《宣州谢朓楼饯别校书叔云》、《望庐山瀑布》、《望天门山》、《早发白帝城》等。

杜甫，字子美，河南巩县(今郑州巩义)人，世称杜工部、杜拾遗，自号少陵野老，是我国唐代伟大的现实主义诗人。杜甫曾出

任左拾遗、检校工部员外郎，因此后世称其杜拾遗、杜工部。杜甫生活的时代是唐朝由盛转衰的历史时期，所以他的诗多涉笔社会动荡、政治黑暗、人民疾苦等，他的诗被称为"诗史"。杜甫忧国忧民、人格高尚、诗艺精湛，被后世尊称为"诗圣"。杜甫一生写的诗有1400多首，其中很多是千古传诵的名篇，比如"三吏"和"三别"，其中"三吏"为《石壕吏》《新安吏》和《潼关吏》，"三别"为《新婚别》《无家别》和《垂老别》。

李商隐，字义山，号玉溪生，又号樊南生，晚唐时期著名诗人，祖籍怀州河内（今河南沁阳市），生于河南荥阳（今郑州荥阳）。在《唐诗三百首》中，李商隐的诗有22首被收录。他的诗构思新颖独特、风格浓丽，尤其是一些爱情诗写得缠绵悱恻，为世人所传诵。李商隐关心政治，写了大量关于政治方面的诗歌，主要有《韩碑》、《行次西郊作一百韵》、《随师东》、《有感二首》等；李商隐一生仕途坎坷、壮志未酬，于是通过诗歌来排遣内心的抑郁，此类作品有《安定城楼》、《春日寄怀》、《乐游原》、《杜工部蜀中离席》等；吟咏内心感情的作品是李商隐诗歌中最富有特色的部分，主要有《锦瑟》、《燕台诗》、《碧城三首》、《重过圣女祠》等。

杜牧，字牧之，号樊川居士，京兆万年（今陕西西安）人，宰相杜佑之孙，杜荀鹤之父。杜牧在文学创作上有多方面的成就，诗、赋、古文都堪称名家，作品主要有《早雁》、《九日齐山登高》、《阿房宫赋》等。

"苏门四学士"和"苏门六君子"各指哪些人？

"苏门四学士"是北宋文学家黄庭坚、秦观、晁补之和张耒的

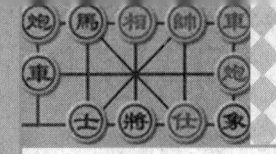

合称。苏轼是继欧阳修之后北宋文坛的领袖人物,在当时的文学界享有很高的声誉,因此与他交游或接受他指导的文人墨客甚多,黄、秦、晁、张四人都曾得到他的培养和提拔。在苏轼的众多门生中,他最欣赏和重视的也是这四个人,称为"苏门四学士",后来又加上李荐和陈师道两个人,并称为"苏门六君子"。

黄庭坚,字鲁直,自号山谷道人,晚号涪翁,又称黄豫章,洪州分宁人,北宋诗人、词人、书法家,是盛极一时的江西诗派的开山之祖。著有《山谷集》。

秦观,字太虚、少游,号淮海居士,高邮人,北宋文学家。在诗词方面颇有成就,词多写男女情爱,也有感伤身世之作,风格委婉含蓄、清丽雅淡,主要作品有《淮海集》、《淮海居士长短句》等。

晁补之,字无咎,号归来子,济州巨野(今属山东巨野县)人,北宋著名文学家。在文学创作上,著有《鸡肋集》、《晁氏琴趣外篇》等。

张耒,字文潜,号柯山,宋代著名诗人。其作品有《少年行》、《昭陵六马》、《听客话澶渊事》等,他还擅长辞赋,代表作品有《哀伯牙赋》、《鸣蛙赋》、《雨望赋》等,《柯山集》、《张右史文集》、《宛丘集》等均被后人编辑印行。

陈师道,字履常、无己,号后山居士,徐州人,北宋诗人,方回著的《瀛奎律髓》中,把黄庭坚、陈师道、陈与义并尊为江西诗派"三宗"。陈师道的文学成就主要体现在诗歌创作方面,著有《后山诗话》。

李荐(zhì),字方叔,号德隅斋,又号齐南先生、太华逸民。华州(今陕西华县)人,北宋文学家。著有《济南集》20卷,已佚。

白居易是一个怎样的诗人？

白居易，字乐天，晚年号香山居士，是我国唐代伟大的现实主义诗人。他的诗题材广泛、形式多样、语言通俗易懂，有"诗魔"和"诗王"之誉。他的诗不仅在中国，在日本和朝鲜等国也有广泛影响。

白居易自幼聪颖，读书勤奋刻苦，据说他读书读得口都生了疮，手都磨破了茧，年纪轻轻的就白了头。

白居易晚年官至太子少傅，谥号"文"，世称白傅、白文公。在文学上，他与元稹共同发起了"新乐府运动"，世称"元白"，主张"文章合为时而著，歌诗合为事而作"，写下了不少感叹时世、反映人民疾苦的诗篇。

白居易晚年长期居于洛阳香山，所以号为"香山居士"。武宗会昌六年（公元846年）八月，白居易逝世于洛阳，被葬于洛阳香山，享年75岁。他去世后，唐宣宗李忱写诗悼念他说："缀玉连珠六十年，谁教冥路作诗仙？浮云不系名居易，造化无为字乐天。童子解吟《长恨》曲，胡儿能唱《琵琶》篇。文章已满行人耳，一度思卿一怆然。"

白居易一生作诗甚多，以讽喻诗最为著名，语言追求通俗易懂，被称为"老妪能解"。他的叙事诗《琵琶行》、《长恨歌》、《卖炭翁》等为后世广为传诵。其中《琵琶行》中"千呼万唤始出来，犹抱琵琶半遮面"、"同是天涯沦落人，相逢何必曾相识"等句更成为千古流传的佳句。白居易的作品还有《赋得古原草送别》、《钱塘湖春行》、《暮江吟》等。

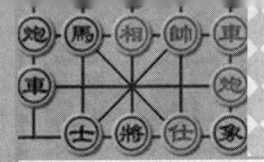

"唐宋八大家"是指哪八位？

唐宋八大家是唐宋时期八大散文作家的合称，即：唐代的韩愈、柳宗元和宋代的苏轼、苏洵、苏辙、苏轼、苏洵、欧阳修、王安石、曾巩。

韩愈，字退之，世称韩昌黎，也称昌黎先生，河南人，唐代杰出的文学家、思想家，古文运动的倡导者和领袖，"唐宋八大家"之首，在中国散文发展史上有很高的地位，苏轼曾称赞他为"文起八代之衰"。其代表作品主要有：《送温处士赴河阳军序》、《祭十二郎文》、《进学解》、《马说》、《师说》等，著有《昌黎先生集》。

柳宗元，字子厚，祖籍河东，生于长安，唐代著名的思想家、文学家。是唐代古文运动倡导者和唐宋八大家之一。柳宗元反对六朝以来笼罩文坛的绮靡浮艳文风，提倡质朴流畅的散文。其代表作品主要有：《三戒》、《临江之麋》、《黔之驴》、《永某氏之鼠》）、《永州八记》、《始得西山宴游记》、《钴姆潭记》、《钴姆潭西小丘记》、《小石潭记》、《袁家渴记》、《石渠记》、《石涧记》、《小石城山记》）等，其中《永州八记》是我国古代山水游记的名作，《黔之驴》、《永某氏之鼠》等是我国古代寓言的名篇。

欧阳修，字永叔，号"醉翁"、"六一居士"，杰出的散文家，宋代散文革新运动的卓越领袖。因为欧阳修忧国忧民、刚直不阿，所以宦海升沉、历尽艰辛。欧阳修反对浮靡雕琢、怪僻晦涩的"时文"，提倡简而有法、流畅自然的风格。代表作品主要有：《醉翁亭记》、《秋声赋》等。

苏洵，字明允，号老泉眉。苏洵和他儿子苏轼、苏辙被合称为

"三苏"。苏洵长于散文，尤擅政论，议论明畅、笔势雄健。著有《嘉祐集》，代表作品主要有：《云兴于山》、《有骥在野》、《六国论》等。

苏轼，字子胆，号东坡居士，生于四川眉山。北宋大文学家、书画家。代表作品主要有：《东坡七集》、《东坡乐府》等。

苏辙，字子由，一字同叔，号栾城，晚号颖滨遗老，四川眉山人。他在父兄的熏陶和影响下，自幼博览群书。著有《栾城集》、《栾城后集》等。

王安石，字介甫，曾封荆国公，后人称王荆公。抚州临川（今江西抚州）人。北宋著名政治家、思想家、文学家。他的散文峭直简洁、富于哲理、笔力豪悍、气势逼人、词锋犀利、议论风生，开创并发展叙事和议论于一炉的独特散文文体，其著作主要收录在《王临川集》、《临川集拾遗》及《临川先生歌曲》里。代表作品有：《答司马谏议书》、《鲧说》、《读孟尝君传》、《书刺客传后》、《伤仲永》、《城陂院兴造记》、《游褒禅山记》等。

曾巩，字子固，建昌军南丰县人，宋代新古文运动的重要骨干之一。代表作品主要有：《答李沿书》、《与王向书》、《回傅权书》、《赠黎安二生序》、《越州赵公救灾记》、《醒心亭记》、《游山记》、《道山亭》、《辞中书舍人状记》、《战国策目录序》、《宜黄县学记》、《墨池记》等。

《永乐大典》是一部怎样的书？

《永乐大典》是编纂于明永乐年间的一部大型类书，初名为《文献大成》，是我国一部百科全书式的文献集，全书目录60卷，正文22877卷，装成11095册，共计约3.7亿字。这部大型文化宝

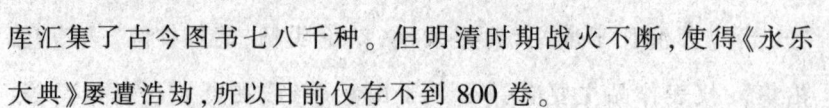

库汇集了古今图书七八千种。但明清时期战火不断，使得《永乐大典》屡遭浩劫，所以目前仅存不到800卷。

明永乐元年（公元1403年）七月，明成祖朱棣下令解缙、姚广孝、王景、邹辑等人纂修大型类书，永乐二年（公元1404年）十一月，《文献大成》宣告问世。

《永乐大典》收录了我国古代七八千种重要典籍，上起先秦，下至明初，在当时，这可谓是"包括宇宙之广大，统会古今之异同"。《永乐大典》收录的内容主要包括：经、史、子、集、释庄、道经、戏剧、平话、工技、农艺、医卜、文学等，科科俱到、无所不有。并且所辑录书籍，只字不易，完全按照原著整部、整篇、整段分别编入，这就大大提高了保存资料的文献价值。全书体例"用韵以统字，用字以系事"，检索查阅非常方便。

参与编纂《永乐大典》的主要有：解缙，字大绅，江西吉水人，明著名作家；姚广孝，法名道衍，字斯道，自号逃虚子，苏州人，元末明初政治家、高僧；王景，字景彰，号常斋，元末明初松阳县人；另外还有邹辑等人。

参与《四库全书》编纂的有哪些人？

《四库全书》是中国古代最大的一部官修书，也是中国古代最大的一部丛书，分为经、史、子、集四部，故名四库。《四库全书》从公元1772年开始，历经十年编纂而成。该书共收录了古籍3503种，共计79337卷、装订成36000余册，保存了丰富的文献资料。

"四库"之名，起始于唐朝初期，唐初年，官方藏书分为经、

史、子、集四个书库，称为"四部库书"或"四库之书"。经史子集四分法是中国古代图书分类的主要方法，它基本上囊括了古代所有的图书类别，故而称为"全书"。清朝乾隆初年，学者周永年提出"儒藏说"，主张把儒家历代经典集中汇编到一起，以供世人参阅。此提议得到社会的广泛响应，成为编纂《四库全书》的社会基础。

当时，参与《四库全书》编纂的主要有以下这些人：

戴震，字东原，安徽休宁人。他学问渊博、识断精审、思想邃密，是乾隆时期最著名的思想家，汉学的代表人物，担任《永乐大典》的辑校工作，也是《四库全书》的主要纂修官。

陆锡熊，字健男，耳山，上海人，是《四库全书》的总纂官，卓有成效，受恩赏甚多。乾隆五十二年，朝廷发现《四库全书》中有诋毁朝廷字句的书籍，乾隆皇帝大怒，下令陆锡熊和纪昀负责重新修正，并由二人分摊费用。当时正值寒冬，陆锡熊身染重病，终因心力交瘁，死于重校文溯阁《四库全书》的任务上。

永瑢，乾隆皇帝的第六子，号九思主人。擅长诗文书画，著有《九思斋诗钞》。《四库全书》馆正式成立以后，乾隆皇帝为了表示对该项文化工程的重视，同时也为了加强对编纂工作的监控，于是命令永瑢与永璇、永瑆，大学士兼军机大臣刘统勋、于敏中为最高执行官即总裁，负责总理馆内一切事宜。

二十四史是指哪几部史书？

二十四史是中国古代各朝撰写的二十四部史书的总称，是历朝历代纳为正统的史书，故又称"正史"。"正史"之名最早见于

《隋书·经籍志》："世有著述,皆拟班、马,以为正史。"清朝乾隆皇帝钦定"二十四史",所以"正史"的称谓专指"二十四史"。按照《四库全书》的规定,正史类"凡未经宸断者,则悉不滥登。盖正史体尊,义与经配,非悬诸令典,莫敢私增",意思是说未经皇帝批准,不得列入正史之列。

《二十四史》的内容非常丰富,记载了历朝历代经济、政治、文化艺术和科学技术等方面的事迹,它上起传说中的黄帝时期(约公元前2550年),下止于明朝崇祯十七年(公元1644年),共计3213卷,约4000万字,用统一的列传的纪传体编写。

主要包括以下二十四部史书:西汉司马迁的《史记》、东汉班固的《汉书》、南朝宋范晔的《后汉书》、晋朝陈寿的《三国志》、唐朝房玄龄等人的《晋书》、南朝梁沈约的《宋书》、南朝梁萧子显的《南齐书》、唐朝姚思廉的《梁书》和《陈书》、北齐魏收的《魏书》、唐朝李百药的《北齐书》、唐朝令狐德棻等人的《周书》、唐朝魏征等人的《隋书》、唐朝李延寿的《南史》和《北史》、后晋刘昫等人的《旧唐书》、宋朝欧阳修、宋祁的《新唐书》、宋朝薛居正等人的《旧五代史》、宋朝欧阳修的《新五代史》、元朝脱脱等人的《宋史》、《辽史》和《金史》、明朝宋濂等人的《元史》、清朝张廷玉等人的《明史》。

《唐诗三百首》是怎么来的？

《唐诗三百首》是一部流传甚广的唐诗选集。唐朝(公元618年—公元907年)290年间,是中国诗歌发展的黄金时期,名家辈出,唐诗数量有5万首之多。孙琴安在《唐诗选本六百种提要·自

序》中指出:"唐诗选本经大量散佚,至今尚存三百余种。当中最流行的,要算《唐诗三百首》。"

《唐诗三百首》选诗范围非常广泛,共收录唐诗311首,其中以杜甫的诗最多,有38首,数量较多的还有王维诗29首、李白诗27首、李商隐诗22首。

《唐诗三百首》的编选者是清朝人蘅塘退士,原名孙洙,字临西,江苏无锡人。孙洙自幼家贫,但他自幼聪慧好学。寒冬腊月读书时,常握一木,谓木能生火可御寒。乾隆九年(公元1745年),孙洙考中顺天举人,授景山官学教习,出任上元县教谕。乾隆十六年(公元1752年),孙洙得中进士,历任卢龙、大城知县。后来遭人陷害,被罢黜官职。乾隆二十五年(公元1761年)、二十七年(公元1763年),孙洙曾两次主持乡试。孙洙为官清廉,爱民如子,并且勤勉好学,书似欧阳询,诗如杜工部,著有《蘅塘漫稿》。乾隆二十八年春,孙洙与他的继室夫人徐兰英进行商榷,决定开始编选《唐诗三百首》。

选编《唐诗三百首》的原因是孙洙感觉《千家诗》选诗标准不严、体裁不备、体例不一,所以希望用新的选本弥补它的不足。孙洙的选诗标准是"因专就唐诗中脍炙人口之作,择其尤要者",以体裁为经,以时间为纬,力求将唐诗中脍炙人口的名篇佳作集成于一体。《唐诗三百首》于清乾隆二十九年(公元1765年)编辑完成。关于书的题目,至今说法不一,有的说是脱胎于民谚"熟读唐诗三百首,不会做诗也会吟",也有的说是取自"诗三百"。

元代四大悲剧、四大爱情剧以及中国古代十大悲剧各指哪些作品？

元代四大悲剧指的是关汉卿的《窦娥冤》、马致远的《汉宫秋》、白朴的《梧桐雨》和纪君祥的《赵氏孤儿》。元代四大爱情剧指的是关汉卿的《拜月亭》、王实甫的《西厢记》、白朴的《墙头马上》和郑光祖的《倩女离魂》。中国古代十大悲剧指的是元代关汉卿的《窦娥冤》、元代马致远的《汉宫秋》、元代纪君祥的《赵氏孤儿》、明代高则诚的《琵琶记》、明代冯梦龙的《精忠旗》、明代孟称舜的《娇红记》、清代李玉的《清忠谱》、清代洪升的《长生殿》、清代孔尚任的《桃花扇》、清代方成培的《雷峰塔》。

"三言两拍"指的是什么？

"三言两拍"是两部古代白话短篇小说集。白话小说原来是民间艺人"说书"的话本。到了明朝末期，一些文人对代代相传的话本进行编辑、加工和整理，并模拟话本进行小说创作，又通过书商的大量刊印、发行，使白话小说在当时社会各个阶层，尤其是下层群众中广为流行。其中影响最大的就是"三言"和"二拍"白话短篇小说集。

"三言"是明代冯梦龙编辑、加工的三部短篇小说集，包括《喻世明言》、《警世通言》和《醒世恒言》三部，每部40篇，共120篇。因为书名都有一个"言"字，所以合称为"三言"。"二拍"是明代凌濛初在"三言"的影响下创作的两部短篇小说集，包括《初刻拍案惊奇》和《二刻拍案惊奇》两部，每部40篇，共80篇。"二拍"

亦是取两部书名中的"拍"字而得名。

"三言"、"二拍"通过描写一系列动人的爱情故事，表达了青年男女追求幸福生活的愿望，抨击了封建婚姻制度对青年的迫害，表现了新兴市民阶层进步的爱情观点。代表作品主要有：《蒋兴哥重会珍珠衫》、《卖油郎独占花魁》、《金玉奴棒打薄情郎》、《杜十娘怒沉百宝箱》等。

除爱情故事之外，"三言"、"二拍"还赞颂了小手工业者和小商人重义轻财的作风和品质，反映了明代中叶以后城市工商业的繁荣和市民阶层的壮大，并从中揭露了当时社会的黑暗和腐败。这类作品主要有：《转运汉巧遇洞庭红》、《施润泽滩阙遇友》等。

书中还有一类故事是描写封建统治阶级内部斗争的，表现了人民对封建统治者罪恶的谴责和批判。这类作品主要有：《卢太学诗酒傲王侯》、《沈小霞相会出师表》、《灌园叟晚逢仙女》等。

和宋元时期的话本相比较，"三言"、"二拍"的描写更为细腻，并注重心理描写，结构也日趋完整，情节更加曲折动人。为了便于阅读和流传，姑苏抱瓮老人对"三言"、"二拍"中的故事加以选编，编成了今天流传最广的《今古奇观》。

和很多古代文学遗产一样，在"三言"、"二拍"的某些篇章中，同样充斥着色情描写、因果报应及封建说教等封建糟粕。

"晚清四大谴责小说"与"五大奇书"各指哪些作品？

鲁迅认为的"晚清四大谴责小说"是中国清末四部谴责小说的

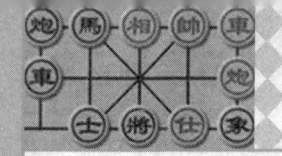

合称，包括李宝嘉（李伯元）的《官场现形记》、吴沃尧（吴趼人）的《二十年目睹之怪现状》、刘鹗的《老残游记》和曾朴的《孽海花》。"五大奇书"是《儒林外史》加上"晚清四大谴责小说"的合称。

《儒林外史》的作者是吴敬梓。《儒林外史》是我国清朝时期一部杰出的现实主义的长篇讽刺小说，全书故事情节没有明确的主干，不过有一个中心贯穿其间，那就是反对科举制度和封建礼教的毒害，讽刺因热衷功名富贵而造成的极端虚伪、恶劣的社会习气。这在当时无疑是具有重大的现实意义和教育意义的。当然，由于时代的局限性，作者在书中虽然批判了现实的黑暗，却把理想寄托于"品学兼优"的士大夫身上，宣扬古礼古乐，没有找到改变儒林和社会的真正出路。

《孽海花》是由"爱自由者起发，东亚病夫编述"。"爱自由者"即金天翮，原名懋基，笔名为麒麟、爱自由者、天放楼主人。1903年，金天翮在上海参加爱国学社，鼓吹资产阶级革命，并应《江苏》杂志邀请，写了《孽海花》的前六回，后来交由曾朴修改和续写。"东亚病夫"是曾朴的笔名。曾朴出身封建官僚家庭。1896年，曾朴应试总理衙门受到打击，激起对清政府的不满，赴上海另寻出路，并接受了资产阶级改良派的一些主张。1904年，他开设小说林书社，1907年创办《小说林》杂志，从事小说的编辑和发行工作，《孽海花》的前二十五回就是在这个时期写成的。

《二十年目睹之怪现状》是吴趼人的代表作。全书以主人公"九死一生"的经历为主要线索，从他为父亲奔丧开始，到经商失败结束。揭露了满清末年半殖民地半封建的黑暗现实

《官场现形记》是晚清谴责小说中最具有代表性的作品。全

书从中举捐官的下层士子赵温和佐杂小官钱典史写起,联缀串起清政府的州府长吏、省级藩台、钦差大臣乃至军机、中堂等形形色色的官僚,揭露了他们为升官发财而逢迎钻营、蒙混倾轧的丑恶嘴脸,抨击了封建社会崩溃时期旧官场的种种腐败、黑暗和丑恶的现实,构成了一幅清末官僚的百丑图。

《老残游记》是刘鹗的代表作。小说以一位走方郎中老残的游历为主线,深刻挖掘和剖析了当时的社会矛盾,尤其是书中敢于直斥清官误国,清官害民,指出清官的昏庸有时并不比贪官强多少。这一点对清廷官场的批判是一针见血、切中时弊的。

中国古典"四大名著"是怎么来的?

中国古典四大名著是指《红楼梦》、《三国演义》、《水浒传》和《西游记》四部小说。

历史上第一个将通俗小说排名的是金圣叹。金圣叹是明末清初人,著名的文学家、文学批评家。其主要成就是文学批评。金圣叹博览群籍,评点古书甚多,他把《庄子》、《离骚》、《史记》、《杜诗》、《水浒传》、《西厢记》称为"六才子书",并计划逐一批注,但仅完成了后二种。后来清康熙年间的毛宗岗父子假借金圣叹之名将修订的《三国》命名为《第一才子书——三国演义》。清代有"明代四大奇书"的说法,时人把《三国演义》、《水浒传》、《西游记》和《金瓶梅》并称为"明代四大奇书"。再后来《红楼梦》代替《金瓶梅》成为"明清四大奇书","四大奇书"至此定型。

"四大名著"全称为四大古典文学名著,"四大奇书"这一说法是"四大名著"的最初提法。四大名著并不是某一个人定下来

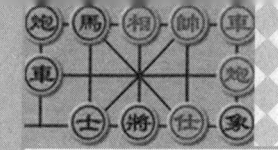

的，而是被广大读者所公认的。四大名著对其以后的文学发展有着很大的影响和贡献。四大名著是中国乃至世界共同拥有的宝贵文化遗产。

《金瓶梅》具有怎样的文学和史学价值？

《金瓶梅》成书于隆庆至万历年间。作者自署名为兰陵笑笑生。

《金瓶梅》是我国第一部长篇社会世情小说。它以小说《水浒传》中西门庆与潘金莲的故事作为引子，把故事引申开来，写的完全是市井平民生活，详细刻画了兼官僚、恶霸、富商三位于一体的封建恶势力代表西门庆由发迹到暴亡的罪恶生活历程，表面上是写宋代，实际上是写作者所处的明朝，深刻揭露了明代后期黑暗腐朽的政治和社会现实，具有很深刻的批判现实主义色彩。

《金瓶梅》的书名是从小说中西门庆的三个妾潘金莲、李瓶儿、庞春梅的名字中各取一字而成。亦有人认为，"金"代表金钱，"瓶"代表酒，"梅"代表女色。

《金瓶梅》是一部描写市井人物的小说，也是我国第一部细致地描述人物生活、对话及家庭琐事的小说，所以在中国古代小说发展史上具有独特的地位。但有人认为，因为小说中充斥着一些赤裸裸的性描写，所以才对市井之民构成了某种吸引，其实这只是一种偏见，这些也并不足以掩盖它本身的文学价值，只有对传统文化有相当认知的人，才能够真正读懂、读透它。

《金瓶梅》是中国第一部现实主义小说，毛主席很看重《金瓶

梅》，曾先后五次评价过《金瓶梅》。毛主席把《金瓶梅》定义为"谴责小说"，当作"明朝真正的历史"来读，认为《金瓶梅》不可不看，只是"书中污辱妇女的情节不好"。

将《金瓶梅》定义为"谴责小说"，毛主席是第一人。在《金瓶梅》里，没有对高尚人格的追求，没有对崇高理想的奋斗，只有对财富和享乐等欲望的追求不息。这是对人性丑恶和社会黑暗的大暴露。

毛主席之所以看重《金瓶梅》，就是因为《金瓶梅》的现实主义色彩。《金瓶梅》是我国社会现实主义小说的开山之作。明史专家吴晗曾在上世纪三十年代就撰文指出:《金瓶梅》反映了政治、经济、文化、习俗等等，是一部明末社会史。

现在，《金瓶梅》的价值已得到普遍认可，《美国大百科全书》、《苏联百科词典》、《法国大百科全书》等国外权威著作都说《金瓶梅》是中国第一部现实主义小说。文学评论家们说《金瓶梅》是世界文学宝库中的瑰宝，历史学家们说《金瓶梅》是一部研究明代社会的百科全书。由此可见，《金瓶梅》在文学和史学方面的价值是不可忽视的。

珍本、抄本和孤本有什么区别？

珍本是指珍贵的书籍或文学资料，比如罕见的革命文献、极有价值的古旧图书资料等。珍本贵在"难得"，如汉译《共产党宣言》的版本虽然很多，但20年代党在上海建立的人民出版社印行的版本，已非常罕见，成为珍贵的革命文物，当属"珍本"之列。

抄本也称为写本，指的是手抄的书籍。现存最早的抄本书是

西晋元康六年写的佛经残卷，这主要是因为当时尚无印刷术；明朝的《永乐大典》、清朝的《四库全书》，卷帙浩繁，因为需要认真校订，一时难以刊刻，所以当时动员大量人力抄写；现代小说《第二次握手》也曾由于"文化大革命"，不能发表而传抄一时。

抄本因为多为名家手迹，与原稿十分接近，故而十分珍贵，比如铸雪斋抄本《聊斋志异》，保存篇章较多，但因原稿早已散失一半，因而抄本成为今天刊印该书的一种主要依据。

孤本指的是仅存一本的图书，也包括仅存一份的某书的某种碑刻的旧拓本和未刊刻的手稿等。现存世界最早的印刷品——我国唐代印刷的《金刚经》，就属于孤本。再比如春风文艺出版社出版的明末清初小说《后水浒传》，就是以大连图书馆藏孤本整理刊印的宝中之珍。

轶事、轶文和掌故有什么不同？

轶事，也写作"逸事"，通常是指人们不太知道的事情，大多在史书典籍上没有记载过，是零零散散没有经过汇集的事迹。不少轶事在流传过程中，经过人们的丰富、加工，都有一定的文学色彩，比如《中外作家轶事》、《中外艺术家轶事》等。

佚文，指的是失传或散存于古籍中的文章。比如我国战国时期魏国的史书《竹书纪年》原本早已亡佚，现在编辑整理的《古书竹书纪年辑证》一书，是将古典书籍中关于《竹书纪年》的文章辑录在一起，从而可以了解夏朝到战国时期的史实。

掌故，原指旧制、旧例，也是汉代掌管礼乐制度等史实者的官名。后来逐渐演变成关于历史人物、典章制度等的故事或传说。

传统艺术篇

"八大艺术"是指哪八种艺术形式？

八大艺术指的是文学、音乐、舞蹈、雕塑、绘画、建筑、戏剧、电影八种艺术形式。

文学是语言文字的艺术，它是一种以不同的体裁表现人物内心和再现一定时期、一定地域的社会生活的艺术形式。

物体规则震动发出的声音称为乐音，由有组织的乐音来表达人们思想感情、反映现实生活的一种艺术就是音乐。音乐又分为声乐和器乐两大类。

舞蹈是一种有关人体动作的艺术形式，这些经过提炼、组织和美化了的人体动作所组成的艺术形式就是舞蹈。

雕塑是造型艺术的一种，也称为雕刻，是雕、刻、塑三种创制方法的总称。具体来讲，它是用各种可塑材料（比如石膏、树脂、粘土等）或可雕、可刻的硬质材料（比如木材、石头、金属、玉石等），创造出具有一定空间的可视、可触的艺术形象，借以反映社会生活、表达创作者审美感受、情感、理想的艺术。

绘画是一种在二维平面上以手工方式临摹自然物的艺术。

建筑是人们用石材、木材或其他建筑材料搭建的一种供人居住和使用的物体，如住房、桥梁、剧院、博物馆、图书馆等等。

戏剧是以语言、动作、舞蹈、音乐等形式达到叙事目的的舞台表演艺术的总称，比如戏曲、歌剧、话剧、音乐剧、木偶戏等等；而文学上的戏剧则是指为戏剧表演所创作的脚本，即剧本。

电影又称映画，是由活动照相术和幻灯放映术相互结合发展

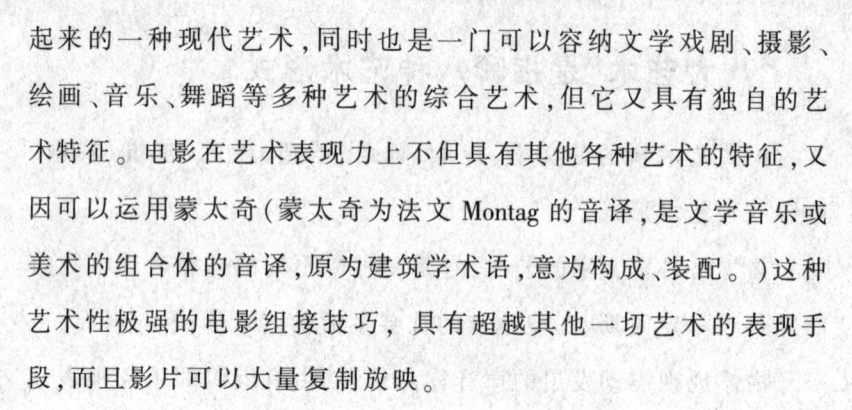

起来的一种现代艺术，同时也是一门可以容纳文学戏剧、摄影、绘画、音乐、舞蹈等多种艺术的综合艺术，但它又具有独自的艺术特征。电影在艺术表现力上不但具有其他各种艺术的特征，又因可以运用蒙太奇（蒙太奇为法文 Montag 的音译，是文学音乐或美术的组合体的音译，原为建筑学术语，意为构成、装配。）这种艺术性极强的电影组接技巧，具有超越其他一切艺术的表现手段，而且影片可以大量复制放映。

戏曲是如何形成的？

戏曲是我国独具特色的传统戏剧形式。戏曲的内涵包括唱念做打，综合了对白、音乐、歌唱、舞蹈、武术和杂技等多种表演艺术，与西方的歌剧、舞剧、话剧等有很大的差别。

中国戏曲源远流长，它最初是从模仿劳动的歌舞中产生的。戏曲的形成和发展大致可分为以下几个阶段：

（1）先秦是戏曲的萌芽期。《诗经》里的"颂"、《楚辞》里的"九歌"等，就是祭神时歌舞的唱词。从春秋战国到汉代，从娱神的歌舞中逐渐演变出娱人的歌舞。从汉魏到中唐，又先后出现了以竞技为主的"角抵"（即百戏）、以问答方式表演的"参军戏"以及扮演生活小故事的歌舞"踏摇娘"等，这些都是萌芽状态的戏曲。

（2）唐朝中后期是戏曲的形成期。中唐以后，我国戏曲飞速发展，戏曲艺术逐渐形成。

（3）宋金是戏曲的发展期。宋代的"杂剧"，金代的"院本"和讲唱形式的"诸宫调"，从乐曲、结构到内容，都为元杂剧打下了

基础。

(4)元代是戏曲的成熟期。到了元代,"杂剧"在原有的基础上大大发展,成为一种新型的戏曲形式。它具备了戏曲的基本特点,标志着我国戏曲进入了成熟的阶段。

京剧是怎么来的?

京剧又称"皮黄",是由"西皮"和"二黄"两种基本腔调组成的戏曲剧种,也兼唱一些地方小曲调(如柳子腔、吹腔等)和昆曲曲牌。京剧形成于北京,有"国剧"之称。京剧是影响最大的全国性剧种之一,是近代中国戏曲的代表,是我国的"国粹",迄今已有200多年的历史。

清乾隆五十五年(公元1790年),江南久享盛名的徽班"三庆班"入京为乾隆的八旬"万寿"祝寿。徽班指的是演徽调或徽戏的戏班,清朝初年在南方深受欢迎。自此以后,许多徽班接踵而至,其中最著名就是三庆、四喜、春台、和春"四大徽班"。四个徽调班社都由湖北的汉调艺人组成,相互影响,又接受了昆曲、秦腔等剧种的曲调和表演方法,并吸收了一些民间曲调,逐渐融合、演变,发展成为今天的京剧。

京剧有哪些行当?

京剧行当的划分比较严格,早期分为生、旦、净、末、丑、武行、流行(龙套)七行,后来归为生、旦、净、丑四大行。其中每一种行当又有进一步的细致分工。"生"是除了大花脸以及丑角以外

的男性角色的统称，又分为老生（须生）、小生、武生、娃娃生等；"旦"是女性角色的统称，又分为正旦、花旦、闺门旦、武旦、老旦、彩旦（摇旦）、刀马旦等；"净"，俗称花脸，大多是扮演性格、品质或相貌上有些特异的男性人物，化妆用脸谱，音色洪亮，风格粗犷，又分为以唱功为主的"大花脸"，如包拯，以做功为主的"二花脸"，如曹操；"丑"是一种喜剧角色，因在鼻梁上抹一小块白粉，所以俗称"小花脸"。

京剧有哪些流派和代表人物？

京剧流派的形成概括起来有以下三种要求：

（1）集百家之大成、取长补短、兼容并蓄融合为一体，而并非简单地继承某一流派创始人或传人的艺术衣钵；

（2）在表演上具有自己独特的、系统的、符合观众欣赏要求的理论根据和艺术创造，并在不断的实践中得到观众的理解和认同，而不是通过评选、大赛或某位专家的批准；

（3）必须建立以主演为中心的创作和表演团体，从编剧、演员、作曲、乐队、服装上形成统一的艺术风格。

目前，我国影响较大的京剧流派有以下几个：

言派——言菊朋；高派——高庆奎；盖派——盖叫天；杨派——杨小楼；刘派——刘鸿声；汪派——汪桂芬；李派——李春来；孙派——孙菊仙；谭派——谭鑫培；裘派——裘盛戎；程派——程砚秋；马派——马连良；尚派——尚小云；荀派——荀慧生；麒派——周信芳；梅派——梅兰芳；余派——余步岩。

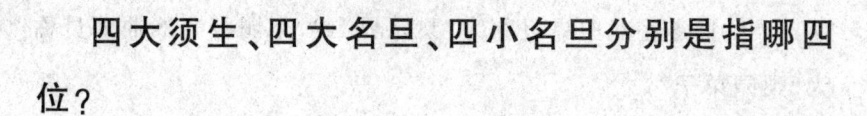

四大须生、四大名旦、四小名旦分别是指哪四位？

20世纪30年代，我国的京剧戏迷们比较喜欢听京剧的老生唱腔，当时最负盛名的老生（须生）是：马连良、谭富英、杨宝森、奚啸伯，这四位老艺术家被人们誉为京剧"四大须生"。

1927年，北京《顺天时报》举办评选"首届京剧旦角最佳演员"活动，梅兰芳、程砚秋、尚小云、荀慧生四位京剧艺术家当选，被业界及广大观众誉为京剧"四大名旦"。"四大名旦"的出现，大大提高了旦角的地位，对京剧的发展起了很大的推动作用。

1936年，北京《立言报》举行公开投票选举，选举当时尚在科班或尚未满师的京剧旦角李世芳、张君秋、毛世来、宋德珠四人为"四大童伶"。1940年，在"四大名旦"的影响下，这四位艺术家被誉为"四小名旦"。

为什么人们习惯把戏班、剧团称为"梨园"？

梨园，原来是古代对戏曲班子的别称。后来，人们在习惯上就把戏班、剧团称为"梨园"，而把戏曲演员称为"梨园子弟"，把几代人从事戏曲艺术的家庭称为"梨园世家"，把戏曲界称为"梨园界"等等。

梨园，最初是中国唐代训练乐工的机构。根据《新唐书·礼乐志》记载："玄宗既知音律，又酷爱法曲，选坐部伎子弟三百，教于梨园。声有误者，帝必觉而正之，号皇帝梨园弟子。"由此可知，梨园是唐玄宗时宫廷所设。梨园的主要职责是训练演奏乐器的人员，与专司礼乐的太常寺和充任串演歌舞散乐的内外教坊鼎足

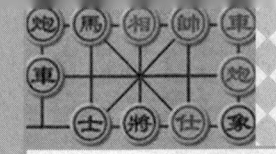

而三。后世遂将戏曲界习称为"梨园界"或"梨园行",戏曲演员称为"梨园弟子"。

我国有哪些具有影响力的地方戏？

由于我国地域辽阔、民族众多,各地的方言不同,所以除了京剧以外,还形成了很多丰富多彩的地方戏。据统计,中国的地方戏遍及全国各地,共计300多种,可称得上是世界之最。其中影响比较大的有昆曲、评剧、粤剧、淮剧、越剧、豫剧、黄梅戏、河北梆子等等。

昆曲是一种古老的剧种,约在元末明初形成于江苏昆山一带,又称"昆山腔"。

评剧发源于河北唐山,是流行于北京、天津和华北、东北各地的地方戏。评剧形成于清朝末年,是在河北民间说唱艺术"莲花落"的基础上发展起来的,又先后吸取了其他剧种和民间说唱的音乐和表演形式。

粤剧是广东省的主要剧种,主要流行于广东、广西和闽南一带。

越剧发源于古越国所在地浙江绍兴地区,是浙江省的主要地方戏,流行于浙江、上海、江苏、江西、安徽等地。

豫剧是河南省的主要地方戏,又叫河南梆子、河南高调,流行于河南和临近各省份。

黄梅戏是安徽省的主要地方戏之一,旧时称为黄梅调,主要流行于安徽、江西以及湖北的部分地区。黄梅戏起源于湖北黄梅

的采茶歌，传入安徽安庆地区后，又吸收了当地的民间音乐，发展形成了今天的黄梅戏。

沪剧是上海的地方戏曲剧种，属吴语地区滩簧系统。沪剧源于"小山歌"。与同在上海演唱的苏滩、甬滩等其他滩簧相区别，所以称为本地滩簧、申滩时调，简称"本滩"。1914年，邵文滨、施兰亭、丁少兰等发起组织"振新集"，从此本滩改良，并改名为"申曲"。1941年，"上海沪剧社"成立，开始把申曲改称为"沪剧"。

淮剧又称江淮戏，流行于江苏、上海以及安徽的部分地区。

河北梆子，初名为"直隶梆子"，后来直隶省改为河北省，所以直隶梆子也随着改称河北梆子。河北梆子渊源于陕西秦腔的梆子系统。大约在清代中叶以后，由山西蒲州梆子流入河北逐渐演变发展而成。河北梆子主要流行于我国华北和东北地区，尤其在河北中、北部及京、津地区非常流行。

中国古典十大名曲是指哪十首曲子？

中国十大古典名曲是指：《高山流水》、《梅花三弄》、《夕阳箫鼓》、《汉宫秋月》、《阳春白雪》、《渔樵问答》、《胡笳十八拍》、《广陵散》、《平沙落雁》、《十面埋伏》十首古曲。

（1）《高山流水》

传说春秋时代的琴师俞伯牙一次在荒山野地弹琴，樵夫钟子期竟能领会这是描绘"巍巍乎志在高山"和"洋洋乎志在流水"。伯牙惊曰："善哉，子之心与吾同。"子期死后，伯牙痛失知音，摔琴断弦，终身不操，故有《高山流水》传为佳话。

（2）《广陵散》

《广陵散》，又名《广陵止息》。据《琴操》记载：战国时期，聂政的父亲为韩王铸剑，因为延误日期而惨遭杀害。聂政立志为父亲报仇，于是入山学琴十载。绝技学成之后，聂政名扬韩国。于是韩王召他进宫演奏，聂政利用这个机会终于实现了刺杀韩王的报仇夙愿，自己也毁容而死。后人把这个故事谱成琴曲，慷慨激昂、宏伟悲壮。

(3)《平沙落雁》

《平沙落雁》最早刊于明代《古音正宗》，又名《雁落平沙》。《古音正宗》是这样描述此曲："盖取其秋高气爽，风静沙平，云程万里，天际飞鸣。借鸿鹄之远志，写逸士之心胸也……"

(4)《十面埋伏》

《十面埋伏》是著名琵琶传统大套武曲，其前身是明代的《楚汉》，描写的是公元前202年楚汉战争在垓下最后决战的情景：项羽自刎于乌江，刘邦最终取得胜利。

(5)《渔樵问答》

《渔樵问答》的曲谱最早见于《杏庄太音续谱》："古今兴废有若反掌，青山绿水则固无恙。千载得失是非，尽付渔樵一话而已"。此曲反映的是一种隐逸之士对渔樵生活的向往，希望摆脱凡尘俗世的羁绊。

(6)《夕阳箫鼓》

《夕阳箫鼓》是一首著名的琵琶传统大套文曲，在明清时就已经流传，其乐谱最早见于鞠士林与吴畹卿的手抄本，李芳园在1895年编集《南北派十三套大曲琵琶新谱》时收入了此曲，曲名

为《浔阳琵琶》；1929年沈浩初在编《养正轩琵琶谱》时，改其名为《夕阳箫鼓》。1925年，上海大同乐会的柳尧章、郑觐文将此曲改为丝竹合奏，同时根据《琵琶行》中"春江花朝秋月夜"的语句，将其更名为《春江花月夜》。

(7)《汉宫秋月》

《汉宫秋月》原为崇明派琵琶曲，现流传有多种谱本及演奏形式，乐曲表现的是古代宫女哀怨悲愁的情绪和一种无可奈何、寂寥清冷的生命意境。

(8)《梅花三弄》

《梅花三弄》，又名《梅花引》、《玉妃引》，是中国传统艺术中表现梅花的乐曲佳作。根据《神奇秘谱》记载，此曲最早为东晋桓伊所奏的笛曲。

(9)《阳春白雪》

《阳春白雪》相传为春秋时期晋国的师旷和齐国的刘涓子所作。"阳春"取万物知春、和风荡涤之意，"白雪"取懔然清洁、雪竹琳琅之音。

《阳春白雪》迄今流传有两种不同版本：《大阳春》和《小阳春》，《大阳春》指李芳园、沈浩初整理的十段、十二段乐谱。《小阳春》是汪昱庭所传，也叫《快板阳春》，流传很广。

(10)《胡笳十八拍》

东汉末年，战乱频繁，连年烽火，蔡文姬在逃难中被匈奴所掳，流落至塞外，后来与左贤王结成夫妻，育有两个儿女。在塞外蔡文姬度过了十二个春秋，但她无时无刻不在思念自己的故乡。

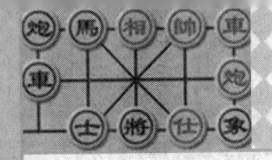

曹操平定中原以后，与匈奴修好，派使邪路用重金赎回蔡文姬。后来她写下了著名长诗《胡笳十八拍》，叙述自己一生不幸的遭遇。

"礼"和"乐"有什么关系？

"礼乐"即礼节和音乐。古代的帝王常用兴礼乐为手段以求达到稳固统治秩序的目的。

西周时期，周天子分封天下。为维护以周天子为中心的统治秩序，周文王的四子、周武王之弟——周公旦开始制礼作乐，即为周礼。周礼是各级贵族的政治和生活准则。周礼是维护宗法制度必不可少的工具。

"制礼作乐"中"礼"和"乐"分别代表了周公对社会稳定的两个方面的期望。"礼"是代表了对社会等级的稳定的期望；同时，周公期望社会礼成以后，不会因为过于紧张而引起社会矛盾，这就是"作乐"的初衷。

礼和乐是相辅相成，它们组成了社会的两个方面，双方既相互牵制，又相互调和，社会制度要想确立就需要礼的约束，如果过于紧张就需要乐的调解。礼乐相融，人们的生活才能安居乐业，社会才能长治久安。

古乐的标准音是怎么制定的？

中国古代音乐是中国传统文化不可缺少的组成部分。古代也有乐队的集体演奏，所以如果没有一个标准音使之统一起来，那不但演奏不出和谐、美妙的音乐，反而会成为一种噪音。

古人用一根长7尺的木条，在上面系一根弦，拉紧之后，击

弦发音，发出的声音为最高音，这就是钧。比如编钟的音从黄钟之宫的那个钟开始，升到钧音为止，就不能制造音更高的钟了，就是所谓的"大不出钧"。

在宫、商、角、徵、羽五音之中，宫属于中央黄钟，五音十二律由此而分。也就是说，"黄钟"是基准，其他的音律都是据此制定的。那么"黄钟"又是如何确定的呢？

古人根据"三分损益"的原则，取一根9寸长的竹子做标准，吹出的音调叫"黄钟"。黄钟是十二音律的首律，首律的音高就叫"黄钟之宫"，也就是现代音乐上所说的音阶的主音。标准音黄钟管确定后，其他乐器的标准音都根据黄钟管所发出的音为标准来定音。

"三分损益"包含"三分损一"、"三分益一"两层含义。三分损一指的是将原有长度作3等分而减去其1份；三分益一则是指将原有长度作3等分而增添其1份。两种方法可以交替运用、连续运用，如此各音律就得以辗转相生。

什么是五音十二律？

五音也称"五声"，指中国五声音阶中的宫、商、角、徵、羽五个音级。五音中各相邻两音间的音程，除角和徵、羽和宫(高八度的宫)之间为小三度外，其余均为大二度。

宫、商、角、徵、羽五音相当于现行简谱上的1、2、3、5、6。唐代以后叫合、四、乙、尺、工。

"五声"一词最早出现于《周礼·春官》："皆文之以五声，宫商角徵羽。"而"五音"的说法最早见于《孟子·离娄上》："不以六律，

不能正五音。"

十二律是古代乐律学名词，即古乐的十二调，是古代的一种定音方法，即用"三分损益"法将一个八度分为十二个不完全相同的半音的一种律制。各律从低到高依次为：黄钟、大吕、太簇、夹种、姑洗、仲吕、蕤（ruí）宾、林钟、夷则、南吕、无射、应钟。十二律又可分为阴阳两类，凡属奇数的六种律称为阳律，属偶数的六种律称为阴律。其中，奇数各律称为"律"，偶数各律称为"吕"，因此十二律又简称为"律吕"。

"余音绕梁"是怎么来的？

"余音绕梁"出自《列子·汤问》："昔，韩娥东之齐，匮粮，过雍门，鬻歌假食，既去而余音绕梁，三日不绝。"

这个故事是说：我国古时有一位善歌者名叫韩娥，她是韩国人。一次她经过齐国，因路费用尽，只好在齐国都城（临淄，今属山东）的雍门卖唱筹资。韩娥声音清脆嘹亮、婉转悠扬、十分动人。这次演唱，轰动了全城。唱完以后，听众还聚在雍门，徘徊留恋，迟迟不肯散去。有人便到旅店去找韩娥，请她再来演唱。

但是旅店老板却对韩娥很不礼貌，韩娥忍不住放声大哭。哭声悲凉凄楚，附近的居民都被感动得流下泪来。由于韩娥的歌声婉转动听，唱完以后两三天，似乎还有遗留的歌声在屋梁间缭绕飘荡，一连三天，大家都难过得吃不下饭。当人们听说韩娥已经出城离去时，立刻派人去追赶，苦苦挽留。韩娥感动于百姓的诚恳要求，便回来为大家继续演唱了一次。听众们欢呼雀跃，几天来的悲伤情绪一扫而空。

从此，人们便用"余音绕梁"来称赞歌声或音乐的美妙，余音不绝。

"下里巴人"是什么意思？

"下里巴人"是战国时期楚国的民间乐曲。下里即乡里，巴人指巴蜀的人民，表明做歌曲的人和地方，后来"下里巴人"泛指通俗易普及的文学艺术，与"阳春白雪"相对。

关于"下里巴人"的记载最早见于宋玉的《对楚王问》："客有歌于郢中者，其始曰《下里》《巴人》，国中属而和者数千人，其为《阳阿》、《薤露》，国中属而和者数百人；其为《阳春》、《白雪》，国中属而和者不过数十人。"

这个故事是说：2000多年前的战国时代，有一个客人在楚国郢都唱巴人歌曲，一曲"下里巴人"，国中有数千人随声附和唱起来。可见这歌曲通俗易懂，深受民众喜爱和欢迎。这可以说是有史料记载的世界上最早的"流行歌曲"了。

我国有哪些传统乐器？

我国的传统乐器大致可分为以下几类：

（1）吹管乐器

我国的吹管乐器起源很早，相传在4000年前的夏禹时期，就有一种用芦苇编排而成的吹管乐器，名曰"钥"。

我国的吹管乐器根据发音方法不同，可分为三类：气息经由吹孔，引起空气柱的振动而发音的，如笛子、箫、埙、排箫等；气息经过哨子，引起空气柱的振动而发音的，如唢呐、管等；气息经由

簧片，引起空气柱的振动而发音的，如笙、芦笙、把乌等。

(2)弹拨乐器

弹拨乐器是用手指或拨片拨弦，或用琴竹击弦而发音的乐器的总称。弹拨乐器的历史悠久，种类繁多。早在3000年前的周代，我国就出现了"琴"、"瑟"等乐器，随后历朝历代又先后产生或传入了筑、筝、弦鼗、箜篌、阮、琵琶、三弦、扬琴等弹拨乐器。

根据乐器形制、性能和演奏方法的不同，弹拨乐器可以分为三类：

第一类以七弦琴为代表，包括琴、筝等乐器。这类乐器都有一个长方形木箱作琴身，张以琴弦，平放着弹奏。除七弦琴可以按弦取音外，其余都只用其空弦音。

第二类以琵琶为代表，包括柳琴、月琴、阮、三弦等乐器，装有四根、三根或两根弦，由左手按弦，右手弹拨，多放于腿上演奏。

第三类为扬琴。需要平置于木架上，用琴竹击弦取音，它是于明代由外国传入我国的。

(3)擦弦乐器

擦弦乐器是用装在细竹弓上的马尾磨擦琴弦，使之振动发音的一种乐器。我国常见的擦弦乐器主要有二胡、高胡、中胡、革胡、板胡、四胡等。

(4)打击乐器

在所有国乐器中，打击乐器的历史最悠久。打击乐器在传统上可分为鼓、锣、钹、板和钟五类；如果按照制造材料来分，又可分为金属、竹木和皮革三类。

其中,鼓类乐器主要包括:大鼓、定音缸鼓等;锣类乐器主要包括:大锣、小锣、掌锣和云锣四类;板类乐器主要包括:响板、梆子、木鱼等。

编钟是一种什么乐器?

编钟是我国古代的一种打击乐器。一般用青铜铸成,由大小不同的扁圆钟按照音调高低的次序排列起来,悬挂在一个巨大的钟架上,用丁字形的木锤或长形的棒分别敲打铜钟,能发出不同的乐音,因为每个钟的音调不同,按照音谱敲打,可以演奏出各种美妙的乐曲。

早在3500年前的商朝,我国就有了编钟,那时的编钟多为三枚一套。随着时代的发展,每套编钟的个数都有不断的增加。古代的编钟多用于宫廷演奏,很少在民间流传。每逢征战、朝见或祭祀等重大活动时,都要演奏编钟。

曾侯乙编钟是我国现存最大、保存最完整的一套大型编钟。1978年出土于湖北随州市的曾侯乙墓中。它共计64件(计钮钟19件,角钟45件),分3层悬挂在满饰彩绘花纹的铜木结构的钟架上,每层的立柱是一个青铜佩剑武士。它们的形体和重量是这样排列的:上层最小,中层次之,下层最大。最小的一件重2.4千克,高20.2厘米;最大的一件重203.6千克,高153.4厘米。它们的总重量在2500千克以上。钟架通长11.83米;高达2.73米。曾侯乙编钟音域宽广,有5个八度,比现代钢琴只少1个八度。它的音色优美,音质纯正,基调与现代的C大调相同。

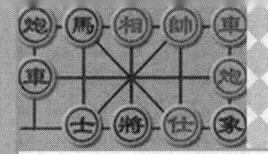

什么是书法？

书法艺术是我国特有的一种文字艺术，也称"中国书法"，分为"软笔书法"和"硬笔书法"两种。从狭义讲，书法是指用毛笔书写汉字的方法和规律，包括执笔、运笔、点画、结构、布局（分布、行次、章法）等内容。例如，执笔指实掌虚、五指齐力；运笔中锋铺毫；点画意到笔随、润峭相同；结构以字立形、相安呼应；分布错综复杂、疏密得宜、虚实相生、全章贯气等等。从广义讲，书法是指语言符号的书写规则，也就是按照文字的特点及其涵义，以其书体笔法、结构和章法写字，使之成为富有美感的艺术作品。

书法是汉字的书写艺术。它不仅是中华民族的文化瑰宝，在世界文化艺术宝库中也散发着夺目的光辉。汉字在漫长的演变发展的过程中，一方面起着思想交流、文化继承等重要的社会作用，另一方面汉字自身也形成了一种独特的造型艺术。关于中国文字起源，一般认为在距今约5000~6000年中国黄河中游的"仰韶文化时期"，已经创造了文字。

世界上各民族的文字，概括起来有3大类型，即表形文字、表意文字、表音文字。汉字是一种典型的在表形文字基础上发展起来的表意文字。我国的汉字，从图画、符号到创造、定型，由古文大篆到小篆，由篆到隶、楷、行、草，形体多样，是世界各民族文字中独树一帜的书法艺术。

随着文化事业的蓬勃发展，书法已不仅仅限于使用毛笔和书写汉字，其内涵已大大增加。例如，从使用工具上讲，仅笔这一项

就五花八门，毛笔、硬笔、电脑仪器、喷枪烙具等等，种类繁多。颜料也不单是使用黑墨块，墨汁、黏合剂、化学剂、喷漆釉彩等五彩缤纷。从文种上说，也不再是汉字一种，有的少数民族文字也登上了书法的舞台，蒙文就是一个典型的例子；从书体和章法上看，除了正宗的传统书派外，在我国又出现了曲直（线）相同、动静结合的"意向"派，即所谓的现代书法。它是在传统书法的基础上，加以创新，突出"变"字，融诗书画为一体，力求形式和内容统一，使作品成为"意美、音美、形美"的三美佳作。由此可见，书法和其他事物一样，是在不断发展和创新的。

"文房四宝"是指哪四宝？

"文房四宝"是中国特有的文书工具，即笔、墨、纸、砚。"文房四宝"之名起源于南北朝时期，因为中国古代文人要经常使用毛笔、墨、宣纸、砚台，它们是文人书房中必不可少的"四件宝贝"，故而称为"文房四宝"。

"文房四宝"在南唐时专指诸葛笔、徽州李廷圭墨、澄心堂纸、江西婺源龙尾砚。自宋朝以来，"文房四宝"指湖笔（浙江省湖州）、徽墨（安徽省徽州）、宣纸（安徽省宣州）、端砚（广东省肇庆，古称端州），它们不仅具有实用价值，而且是融绘画、书法、雕刻、装饰等为一体的艺术珍品。

2007年，中国科学院科技史所、中国文房四宝协会将"文房四宝"向联合国教科文组织申报为世界级"非物质文化遗产"。

什么是甲骨文？

甲骨文是我国时代最早、体系最为完整的文字。

甲骨文主要指殷墟甲骨文，也称为"殷墟文字"、"殷契"等等，是殷商时期刻在龟甲兽骨上的文字。甲骨文是19世纪末在殷代都城遗址（今河南安阳小屯）被发现的，是商朝后期王室为了占卜记事而刻（或写）在龟甲和兽骨上的文字。其发掘经过是这样的：清朝光绪年间，有个叫王懿荣的人，他是当时最高学府国子监的主管官员。有一次，他看见一味中药叫龙骨，觉得很奇怪，就翻看药渣，没想到上面竟然有一种看似文字的图案。于是他把所有的龙骨都买了下来，发现每片龙骨上都有相似的图案。他确信这种图案是一种比较完备的文字，应该是殷商时期的。后来，人们找到了龙骨出土的地方——河南安阳小屯村，那里又出土了一大批龙骨。因为这些龙骨主要是龟类、兽类的甲骨，因此将它们命名为"甲骨文"，而研究它们的学科就叫做"甲骨学"。

什么是金文？

金文指的是铸刻在商周时期青铜器上的铭文，也叫钟鼎文。商周时期属于青铜器的时代，青铜器的礼器以鼎为代表，乐器以钟为代表，所以"钟鼎"成为青铜器的代名词。青铜是铜和锡的合金。中国在夏朝就已经进入了青铜时代，因为西周以前习惯上把铜也叫做金，所以铜器上的铭文就叫作"金文"或"吉金文字"，又因为这类铜器中以钟鼎上的字数最多，所以又称为"钟鼎文"。

金文应用的年代，上自殷商早期，下至秦灭六国，约有1200

多年的历史。根据容庚《金文编》记载，金文的字数共计3722个，其中可以识别的只有2420个。

　　金文的内容涉及当时的祀典、赐命、诏书、征战、围猎、盟约等活动，对当时社会生活的各个方面都有一定程度的反映。金文字体整齐遒丽、古朴厚重，与甲骨文相比，更加变化多样、丰富多彩。金文在汉武帝时期就已被发现，当时有人将在汾阳发掘出的一尊鼎送入宫中，汉武帝因此将年号定为元鼎(公元前116年)。此后金文又陆续被发现。宋代文人欧阳修、赵明诚都对金文作过研究和记载，并且善书此文。

　　周宣王时铸成的《毛公鼎》上的金文最具有代表性，其铭文共32行，计497字，是所有出土青铜器中铭文最长的一个。《毛公鼎》上的铭文字体结构严整、瘦劲流畅、布局不驰不急，是金文作品中的佼佼者。除此之外，《大盂鼎》铭、《散氏盘》铭也是金文中的上乘作品。

大篆和小篆有什么区别？

　　篆书分为大篆和小篆。

　　大篆又有籀(zhòu)文、籀篆、籀书等别称。周宣王时，太史籀作《大篆》十五篇，因其为籀所作，故世称"籀文"。"籀文"是根据古文所作的，是在古文基础上整理出来的，所以与古文有同有异。目前籀文散见于《说文解字》和后人收集的各种钟鼎彝器之中，《说文解字》保存了220多个籀文。其中以周宣王时所作石鼓文最为著名。

　　隋唐时期，在天兴县(今陕西省凤翔县)发现了10个石碣，

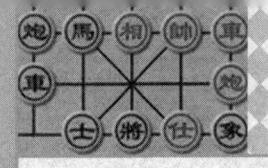

样子很像鼓，所以起名为"石鼓"。每个石鼓上都刻着一首六七十字的四言诗。根据专家考证，这些石鼓是春秋末年到战国初年的，上面的诗是歌颂秦王的。石鼓文是现存最早的石刻文字。

北宋时期又发现了三块刻字石头，文字内容为秦王诅咒楚王，后人称之为"诅楚文"。

籀文、石鼓文、诅楚文和部分秦国金文，都属于同一字体，统称为籀文或大篆。籀文笔道匀称、线条柔和、字体整齐，是当时官定的标准文字。

小篆又名秦篆，是由秦朝丞相李斯所创的。秦始皇灭六国后，因疆域广、国事多，文书日繁，所以感到原有文字太过繁杂，不便应用，加上原来七国书不同文，写法各异，亦亟待统一，因此创造一种新体文字迫在眉睫。于是，丞相李斯作《仓颉篇》，中车府令赵高作《爰历篇》，太史令胡毋敬作《博学篇》，这些都是由大篆省改、简化而成，名叫小篆，又称玉筋篆。

小篆和大篆相比，形体笔画更为简化，且字数增多，这也是时代发展的需要和必然结果。从古文到大篆，从大篆到小篆的文字变革，在中国文字史上具有划时代的意义。

什么是隶书？

隶书也叫"隶字"、"古书"。秦始皇在"书同文"的过程中，命令李斯创立小篆之后，同时采纳了程邈整理的隶书。汉朝的许慎在《说文解字》对这段历史有所记载："秦烧经书，涤荡旧典，大发吏卒，兴役戍，官狱职务繁，初为隶书，以趋约易。"由于作为官方

文字的小篆书写起来比较慢，而隶书化圆转为方折，恰恰弥补了小篆的缺陷，提高了书写效率。

隶书基本上是由篆书演化而来的，因为在竹简或木简上用漆写字很难画出圆转的笔划，所以隶书将篆书圆转的笔划改为方折，如此书写速度就快得多了。

隶书有"秦隶"（也叫"古隶"）和"汉隶"（也叫"今隶"）之分。隶书是汉字中常见的一种庄重的字体，书写效果略微宽扁，横画长、直画短，讲究"蚕头雁尾"、"一波三折"。隶书之名源于东汉，并且在东汉时期达到顶峰，所以书法界有"汉隶唐楷"的说法。

隶书的出现是中国文字的又一次重大改革，使中国的书法艺术进入了一个新的境界，是汉字演变史上的一个里程碑和转折点，它的出现也为楷书奠定了基础。

"二王"是指哪两位？

"二王"是指东晋大书法家王羲之和王献之父子。

王羲之出身于书法世家。他的伯父王翼、王导以及堂兄弟王恬、王洽都是当时著名的书法名家。王羲之字逸少，号澹斋，原籍琅琊临沂（今属山东），后迁居至山阴（今浙江绍兴），是东晋最伟大的书法家，被后人尊称为"书圣"。其代表作是《兰亭集序》。

王献之也是东晋的书法家，字子敬。官至中书令，故世称大令，是王羲之的第七子。幼年时，他跟随父亲学书法，后来取法张芝、另创新法、别具一格，与父齐名。他兼精楷、行、草、隶各体，尤其以行草出名。其楷书以《洛神赋十三行》为代表，其行书以《鸭头丸帖》为代表，其草书名作《中秋帖》被列为清内府"三希帖"之

一。

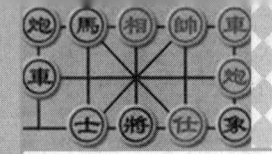

"楷书四大家"是指哪四位？

"楷书四大家"是对书法史上以楷书著称的四位书法家的合称，也称为"四大楷书"或"楷书四体"。他们分别是：唐代欧阳询（欧体）、颜真卿（颜体）、柳公权（柳体）和元代的赵孟頫（赵体）。

欧阳询，字信本，潭州临湘（今湖南长沙）人。他的书法成就以楷书为最，笔力险峻、结构独异，世称"唐人楷书第一"，代表作是《九成宫醴泉铭》。

颜真卿，字清臣，京兆万年人。在书法史上，他是继二王之后成就最高、影响最大的书法家。他的楷书端庄雄伟、气势开张，代表作是《多宝塔碑》。

柳公权，字诚悬，唐朝京兆华原人，官至太子太师，世称"柳少师"。他的书法结体遒劲，且字字严谨、一丝不苟。代表作有《玄秘塔碑》和《神策军碑》。

颜真卿和柳公权被后世并称为"颜筋柳骨"或"颜柳"，成为历代书法的楷模。

赵孟頫，字子昂，号松雪，人称"松雪道人"，湖州（今浙江吴兴）人。其书法遒媚、秀逸，结体严整、笔法圆熟，代表作是《玄妙观重修三门记》。

"宋四家"是指哪四位？

"宋四家"是宋代苏轼、黄庭坚、米芾、蔡襄的合称。

苏轼，字子瞻，号东坡居士，四川眉山人。北宋著名文学家、

书画家。诗词开豪放一派，同时是唐宋八大家之一。

苏轼和他的父亲苏洵，弟弟苏辙以诗文著称于世，世称"三苏"。其传世书迹有《前赤壁赋》、《黄州寒食诗帖》、《洞庭春色赋》、《中山松醪赋》等。

黄庭坚，字鲁直，号山谷道人，后世称他"黄山谷"，晚号涪翁，洪州分宁（今江西修水）人。北宋诗人，书法家。

黄庭坚是苏轼的门生，与张耒、秦观、晁补之并称为"苏门四学士"，后与苏轼齐名，并称"苏黄"。其著名的书迹有《松风阁诗》、《黄州寒食诗跋》、《花气熏人帖》、《虹县诗》等。

米芾，字元章，号襄阳漫士、海岳外史、鹿门居士。祖籍山西太原，后定居江苏镇江。

米芾个性怪异，举止颠狂，遇石称"兄"，膜拜不止，所以被人称为"米颠"。宋徽宗诏他为书画学博士，人称"米南宫"。米芾的传世墨迹主要有《苕溪诗卷》、《蜀素帖》、《方圆庵记》、《天马赋》等。米芾擅画水墨山水，人称"米氏云山"。

蔡襄，字君谟，兴化（今福建仙游）人。蔡襄的传世墨迹主要有《自书诗帖》、《谢赐御书诗》、《陶生帖》、《郊燔帖》等，碑刻主要有《万安桥记》、《昼锦堂记》及鼓山灵源洞楷书"忘归石、""国师岩"等珍品。

什么是"永字八法"？

"永字八法"是一种中国书法的用笔法则。它是以"永"字八笔顺序为例，阐述正楷笔势的方法：点为侧，侧锋峻落，铺毫行

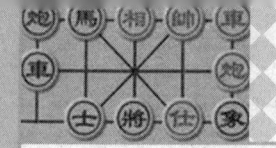

笔,势足收锋;横为勒,逆锋落纸,缓去急回,不可顺锋平过;直笔为努,不宜过直,太挺直则木僵无力,而须直中见曲势;钩为趯(tì),驻锋提笔,使力集于笔尖;仰横为策,起笔同直划,得力在划末;长撇为掠。起笔同直划,出锋稍肥,力要送到;短撇为啄,落笔左出,快而峻利;捺笔为磔(zhé),逆锋轻落,折锋铺毫缓行,收锋重在含蓄。

"永字八法"相传为隋代智永所创,一说是东晋王羲之或唐代张旭所创,因为它是写楷书的基本法则,所以后人常用"永字八法"来代称书法。

什么是国画?

国画,又称"中国画",是我国传统绘画的统称,和"西洋画"相区别。国画的工具和材料主要有毛笔、墨、国画颜料、宣纸、绢等;其题材可分为人物、山水、花鸟等;国画的技法分为工笔和写意,其精神内核是"笔墨"。

我国一向都有书画同源的说法,有人说伏羲画卦、苍颉造字,是为书画之先河。

从美术发展史的角度来讲,民国以前的国画统称为古画。国画在我国古代并没有非常确定的名称,一般称之为丹青,主要指画在绢、宣纸、帛上并加以装裱的卷轴画。近现代以来,为了和西方的油画(即西洋画)相区别,所以称之为中国画,简称"国画"。

国画强调"外师造化,中得心源",融化物我,创造意境,要求"意存笔先,画尽意在",以求达到以形写神、形神兼备、气韵生动的境界。

国画"画分三科",即人物、花鸟、山水。表面看来这是以题材分类,其实是用艺术表现一种观念和思想。所谓"画分三科",即概括了宇宙和人生的三个方面:人物画所表现的是人类社会,人与人之间的关系;山水画所表现的是人与自然的关系,将人与自然融为一体;花鸟画表现的是大自然的各种生命及其与人类的和谐相处。三者相互结合构成了宇宙的整体,相得益彰。这是由艺术升华的哲学思考,也是艺术的真谛所在。

什么是年画?

年画是国画的一种。起源于中国古代的"门神画"。清朝光绪年间,正式称为年画。

年画是中国特有的一种绘画体裁。一般只在新年时张贴,用以装饰环境、装点气氛,含有祝贺新年之意,故称为年画。

传统的民间年画多用木板水印制作。旧年画因为画幅大小和加工多少的不同而有不同称谓,整张大的叫"宫尖",一纸三开的叫"三才";加工多而细致的叫"画宫尖"或"画三才";颜色上用金粉描画的叫"金宫尖"或"金三才";六月以前的作品叫"青版",七、八月以后的作品叫"秋版"。

年画起源于古代的门神画,而门神画早在尧舜时期就已出现。我国现存最早的年画是宋版的《随朝窈窕呈倾国之芳容》,画的是王昭君、赵飞燕、班姬、绿珠,俗称《四美图》。

山东潍坊杨家埠的木版年画、四川绵竹年画、江苏桃花坞、天津杨柳青在历史上久负盛名,被誉为中国"年画四大家"。

"中国十大传世名画"是指哪十幅画？

"中国十大传世名画"都是历代不二至宝。至清朝乾嘉时期，陆续收入内府，遂与世隔绝。后来历经频繁战火，流散四海，被世界各大博物馆收藏为至宝。

"中国十大传世名画"指的是如下十幅名画：

(1)《洛神赋图》

《洛神赋图》，现为北京故宫博物院馆藏珍品。绢本，设色，纵27.1厘米，横572.8厘米。原《洛神赋图》卷的作者是东晋名家顾恺之，现已遗失，此为宋代摹本。

这幅画根据曹植著名的《洛神赋》而作，描绘的是曹植与洛神真挚纯洁的爱情故事。

(2)《步辇图》

《步辇图》，现为北京故宫博物院馆藏珍品。绢本，设色，纵38.5厘米，横129.6厘米，为唐代著名画家阎立本所绘。

《步辇图》以贞观十五年（公元641年）吐蕃首领松赞干布与文成公主联姻的历史事件为题材，描绘的是唐太宗接见来迎娶文成公主的吐蕃使臣禄东赞的情景。

(3)《唐宫仕女图》

唐代是仕女画的繁荣兴盛阶段。唐代仕女画以其端庄华丽、雍容典雅著称，《唐宫仕女图》展示着"回眸一笑百媚生"的唐代美女众生像。

其中，最杰出的代表莫过于张萱的《虢国夫人游春图》、《捣

练图》和周昉的《簪花仕女图》、《挥扇仕女图》以及晚唐的《宫乐图》。

《虢国夫人游春图》纵51.8厘米，横148厘米，现为辽宁省博物馆珍藏。

《捣练图》纵51.8厘米，横140.8厘米，1860年"火烧圆明园"后被掠夺并流失海外，现为美国波士顿博物馆珍藏。

《簪花仕女图》纵46厘米，横180厘米；现为辽宁省博物馆珍藏。

《挥扇仕女图》纵33.7厘米，横204.8厘米；现为故宫博物院珍藏。

《宫乐图》纵48.7厘米，横69.5厘米；现为台北故宫博物院珍藏。

(4)《五牛图》

《五牛图》，现为北京故宫博物院馆藏珍品。麻纸本，纵28.8厘米，横139.8厘米，无款印。作者是唐代的著名宰相韩滉。

《五牛图》是韩滉最为传神的一幅。5头健硕的老黄牛，在这位当朝宰相笔下被"人格化"，传达出一种注重实际、任劳任怨的精神风貌。

(5)《韩熙载夜宴图》

《韩熙载夜宴图》，现为北京故宫博物院馆藏珍品。绢本纵27.9厘米，横69厘米。这幅画的作者是五代大画家顾闳中。

这幅画以连环长卷的方式描摹了南唐巨宦韩熙载家开宴行乐的盛大场景。

(6)《千里江山图》

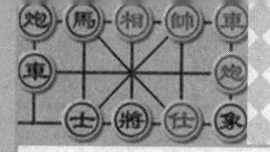

《千里江山图》,现为北京故宫博物院馆藏珍品。绢本,设色,纵51.5厘米,横1191.5厘米,其作者是北宋的王希孟。

此画描绘的是岗峦起伏的群山和烟波浩森的江湖。画卷表现了绵亘山势、幽岩深谷、高峰平坡、流溪飞泉、水村野市、渔船游艇、桥梁水车、茅蓬楼阁,以及捕鱼、游赏、行旅等人物的活动。

(7)《清明上河图》

《清明上河图》,现为北京故宫博物院馆藏珍品。绢本设色,宽24.8厘米,长528.7厘米,是北宋名家张择端仅存于世的一幅珍品。

这幅画描绘的是汴京清明时节的繁荣景象,是汴京当年繁荣的见证,也是北宋城市经济情况的写照。

(8)《富春山居图》

《富春山居图》,纵33厘米,横636.9厘米,纸本,水墨。该画在清代顺治年间曾遭火焚,断为两段,前半卷被另行装裱,重新定名为《剩山图》,现为浙江省博物馆珍藏。被誉为浙江博物馆的"镇馆之宝"。这幅画的作者是元代画坛宗师、"元四家"之首的黄公望。

这幅画描绘了富春江两岸初秋时节的秀丽景色。它以清润的笔墨、简远的意境,把浩渺连绵的江南山水表现得淋漓尽致,达到了"山川浑厚、草木华滋"的境界。

(9)《汉宫春晓图》

《汉宫春晓图》,中国重彩仕女第一长卷。绢本重彩,尺幅很

大，纵37.2厘米，横2038.5厘米，作者是明代的仇英。

在这幅画中，作者借皇家园林殿宇之盛，以极其华丽的笔墨表现出宫中嫔妃的日常生活。

(10)《百骏图》

《百骏图》，该稿本为纸质，纵102厘米、横813厘米。目前为美国纽约大都会博物馆所收藏。

清代是中国宫廷绘画的顶峰，《百骏图》是来自意大利的传奇画家郎世宁的代表作。此画描绘的是姿态各异的骏马百匹放牧游息的场面。

"扬州八怪"是指哪八位？

"扬州八怪"是清朝中期活动于扬州地区的一批风格相近的画家的总称，也称为扬州画派。实际上，当时活跃在扬州画坛上的重要的画家远远超过八个人，所以"八"并非一个确数。但"扬州八怪"的说法由来已久。至于到底是哪八个人，说法并不统一。根据李玉棻在《瓯钵罗室书画过目考》中所言，"八怪"为：罗聘、李方膺、李鱓(shàn)、金农、黄慎、郑燮、高翔和汪士慎。除此之外，其余各书列名"八怪"的，还有高凤翰、华喦、闵贞、边寿民等。但今人多从李玉棻之说。

之所以称他们为"八怪"，是因为这八个人在作画时不守墨矩、离经叛道，再加上他们大都个性很强、清高孤傲、行为狂放，所以称之为"八怪"。

金农，字寿门，号冬心，杭州人，为八怪之首。他的画造型奇古、拙朴，布局考究，构思别出心裁。他的作品主要有《墨梅图》、

《月花图》等。

黄慎,字恭懋,号瘿瓢,福建宁化人。他以草书入画,自创风格,擅长粗笔写意,人物画造诣最高。他的作品主要有《醉眠图》、《苏武牧羊图》等。

李鱓(shàn),字宗扬,号复堂,江苏兴化人。他画风粗放、不拘法度、泼墨淋漓、设色清雅,以"水墨融成奇趣"。他的作品主要有《秋葵图》、《松柏兰石图》等。

李方膺,字虬仲,号晴江,江苏南通人。他善画松、竹、梅、兰,晚年专门画梅自喻。他的作品主要有《游鱼图》、《潇湘风竹图》等。

高翔,字凤翰,号西唐,扬州人。他善画山水、花鸟,喜画疏枝梅花。他的作品主要有《弹指阁图》等。

汪士慎,字近人,号巢林,安徽休宁人。他擅画梅。他与金农、高翔、罗聘合称为"四大画梅高手",其作品主要有《墨梅图》等。

罗聘,字遁夫,号两峰,祖籍安徽歙县,后迁居扬州。他在"八怪"中年辈最小。他的作品主要有《鬼趣图》、《醉钟馗图》等。

郑燮(xiè),字克柔,号板桥,江苏兴化人。他擅画竹、兰、石,还创造了一种集真、草、隶、篆于一体的六分半书体,人称"乱石铺街"体。

吴道子何以被称为"画圣"?

吴道子,唐玄宗赐名为道玄,是中国唐代著名画家,被后世尊称为"画圣",被民间画工尊为"祖师"。道教中人更呼之为"吴

道真君"、"吴真人"等等。吴道子是河南阳翟(今河南省禹州)人。

吴道子被称为"画圣",最早出现于张彦远的《历代名画记》中,他赞誉吴道子曰:"国朝吴道玄,古今独步,前不见顾陆,后无来者……吴宜为画圣。"到了北宋时期,郭若虚又在《图画见闻志》中说:"吴生之作,为万世法,号曰'画圣',不亦宜哉!"元代的夏文彦也赞之曰:"笔法超妙为百代画圣。"由此可见,吴道子在中国画坛上有如此高的地位,是与他在绘画上的成就及其为画坛做出的贡献分不开的。

"曹衣出水,吴带当风"是什么意思?

"曹衣出水,吴带当风"指的是古代人物画中衣服褶纹的两种不同的表现方式。一种笔法刚劲稠叠,所画人物的衣衫紧贴身上,犹如刚从水中出来一般;一种笔法圆转飘逸,所绘人物的衣带宛若迎风飘曳之状。"曹衣出水,吴带当风"中的"曹"、"吴"分别有两种不同的说法,一说"曹"为曹仲达,"吴"为吴道子;一说"曹"为曹不兴,"吴"为吴暕。

曹不兴是三国时期吴国吴兴人,又名弗兴。擅长画龙、马、虎及人物,画史有"误墨于素,因势成蝇"的传说。吴暕是南朝宋人,擅长画佛像罗汉。

但大多数人还是认同第一种观点,即"曹"指曹仲达,"吴"为吴道子。

曹仲达,北齐人,以画梵像著称,其画风在绘画史上有很大的影响,素有"曹家样"之誉。吴道子是一位山水、人物、花鸟等皆能的全才画家,被后世誉为"画圣"。

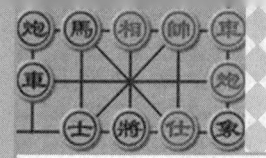

"元四大家"是指哪四位？

"元四大家"是元代山水画四位代表画家的合称。但关于这四个人到底指谁，却有两种不同的说法：一说是赵孟頫、吴镇、黄公望、王蒙四人（见于明代王世贞的《艺苑卮言·附录》）；一说是黄公望、王蒙、倪瓒、吴镇四人（见于明代董其昌的《容台别集·画旨》）。其中，第二种说法流传更广一些。此外，也有将赵孟頫、高克恭、黄公望、吴镇、倪瓒、王蒙六人合称为"元六家"的说法。他们的画风虽然各具特色，但主要都是从五代董源、北宋巨然的基础上发展而来的，具有重笔墨、尚意趣、并结合书法诗文的特点，是元代山水画的主流，对后世的影响很大。

画坛"明四家"是指哪四位？

"明四家"又称为"吴门四家"，指的是中国画史上沈周、文征明、唐寅（唐伯虎）、仇英四位明代画家。由于他们都在江苏苏州从事绘画活动，而苏州古为吴地，因此又称沈、文、唐、仇为"吴门四家"。

四人中沈周、文征明都擅长画山水，上承北京山水画的传统；唐伯虎山水、人物都十分擅长；仇英以工笔人物、青绿山水著称。其中，沈周和文征明有师承关系。这四人各具特色、风格各异、齐名画坛，因此"吴门四家"并不是一个画派之称。

清初"四画僧"是指哪四位？

"清初四画僧"是指活跃于清初画坛的四位出家为僧的画

家，他们是渐江、髡残、八大山人、石涛四个人。这四位皆是明末遗民，因不甘臣服于满清统治，便循入空门，出家为僧，借助诗文书画，抒写身世之感。他们的作品均带有强烈的个性化特征和复杂的精神内涵，与当时占据主流地位的正统派画风大有不同。这四个人的艺术风貌各有不同：渐江"千钧屈腕力，百尺鼓龙鬣"的笔墨功力，髡残"沉着痛快，以谨严胜"的酣畅淋漓，八大山人"零碎山川颠倒树，不成图画更伤心"的怪诞奇崛，以及石涛"搜尽奇峰打草稿"的戛戛独造，可谓"抟弄乾坤于股掌，舒卷风云于腕下"。这四位用袈裟掩裹着精神苦痛的画家，以其激情洋溢，深情凝蓄、个性鲜明的艺术风格，开创了绘画史上的新风。

陶器与瓷器有什么区别？

陶器并非中国独有的发明，根据考古学的发现，世界上许多国家和地区都相继发明了制陶术。但是，我国在制陶术的基础上又有了进一步的提高和发展——最早发明了瓷器。

瓷器和陶器虽然是两种不同的物质，但是两者之间却有着密切的联系。如果没有制陶术的发明和陶器制作技术不断改进所取得的经验，瓷器的发明几乎是无源之水、无本之木。瓷器是我们的祖先在长期的制陶过程中逐渐发明的。

陶器与瓷器的区别主要有如下几点：

（1）烧成温度不同。

陶器的烧成温度一般都低于瓷器，最低甚至达到800℃以下，最高可达1100℃左右。瓷器的烧成温度大都在1200℃以上，有的甚至达到1400℃左右。

（2）坚硬程度不同。

陶器烧成温度较低，其坯体并未完全烧结，敲击时声音发闷，胎体硬度较差，有的甚至可以用钢刀划出痕迹。瓷器的烧成温度比陶器要高，其胎体基本烧结，敲击时声音清脆，胎体表面用一般钢刀很难划出痕迹。

（3）使用原料不同。

使用一般黏土即可制坯烧成陶器，而瓷器则需要选择特定的材料，以高岭土作坯。高岭土在烧制瓷器所需要的温度下，所制的坯体会成为瓷器。但如果是一般制作陶器的黏土制成的坯体，在烧到1200℃时，只能被烧熔为玻璃质，不可能成为瓷器。

（4）透明度不同。

陶器的坯体即使比较薄也不具备半透明的特点。而瓷器的胎体无论薄厚，都具有半透明的特点。

（5）釉料不同。

陶器分为不挂釉和挂釉两种，挂釉的陶器釉料在较低的温度时即可熔融。瓷器的釉料有两种，既可在高温下与胎体一次烧成，也可在高温素烧胎上再挂低温釉，第二次低温烧成。

在上述几个方面中，最主要的条件是原材料和烧成温度。因此，制陶工匠一旦掌握了烧成温度的技术，并认识到高岭土与一般黏土的区别，便具备了发明瓷器的基本条件。

秦兵马俑是怎么发现的？

1974年3月，临潼县晏寨公社西杨村的农民杨志发等人在

秦陵东侧挖井，意外地挖出了一个陶俑的躯干和一些肢体碎片。有人说这是"妖怪"，有人说这是"神爷"。还有一个老头干脆把陶俑搬到田地里，给它戴上草帽，当成草人吓唬前来啄食的小鸟。

后来，村干部把陶人的事情告诉了公社的水利主管。水利主管认为这是秦陵文物，不敢怠慢，立刻向县文化馆报告。县文化馆派丁耀祖等人前来清理。与此同时，正在临潼探亲的新华社记者蔺安稳对此作了报道。这就引起了国家有关部门的高度重视。国家文物局立即派考古队前来探测，发现了规模宏大的兵马俑坑。国家文物局随即派出考古、文物专家进行现场考察，并决定由陕西省组织考古队进行发掘。

考古队于1974年7月15日进入考古工地，经过一年多精心的钻探和试掘，发现这是一座大型的兵马俑坑，即1号俑坑。它东西长230米，南北宽62米，距现在的地表深4.5~6.5米，面积达14260平方米。根据试掘部分陶俑、陶马排列的密度推算，1号坑内有陶俑、陶马约6000余件。

1976年，在1号坑的北侧，又先后发现了2号和3号兵马俑坑。2号俑坑位于1号俑坑的东端北侧，两坑相距大约20米，2号坑东西长124米，南北宽98米，距现在的地表深5米，面积在6000平方米左右，坑内有陶俑、陶马1300余件。3号俑坑位于1号俑坑的西端北侧，两坑相距大约25米，3号坑面积约为520平方米，坑内共有陶俑、陶马70件。

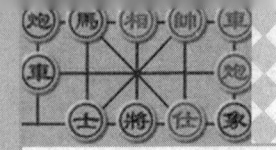

"唐三彩"是怎么来的？

"唐三彩"是一种盛行于唐代的陶器，以黄、白、绿为基本釉色，所以后人习惯把这类陶器称为"唐三彩"。

"唐三彩"的诞生迄今已有1000多年的历史了，它吸取了中国国画、雕塑等工艺美术的特点，采取了堆贴、刻画等形式的装饰图案，线条粗犷有力。

唐三彩是一种低温釉陶器。在色釉中加入不同的金属氧化物，经过焙烧，就会形成浅黄、赭黄、浅绿、深绿、天蓝、褐红、茄紫等多种颜色，但以黄、褐、绿三色为主。

唐三彩的制作工艺相当复杂。首先将开采出来的矿土经过挑选、舂捣、淘洗、沉淀、晾干后，再用模具做成胎入窑烧制。唐三彩的烧制采用的是二次烧成法。从原料上看，它的胎体是用白色的粘土制成，在窑内经过1000~1100℃的素烧，再将焙烧过的素胎经过冷却，施以配制好的各种釉料入窑釉烧，其烧成温度是850~950℃。在釉色上，利用各种氧化金属为呈色剂，经煅烧后呈现出各种色彩。

釉烧出来以后，有的人物需要再开脸，所谓开脸就是人物的头部仿古产品是不上釉的，它要经过画眉、点唇、画头发等一系列工序。经过这样一道道复杂的工序之后，一件唐三彩才最终完成。

刺绣艺术是怎么来的？

刺绣是用针线在编织物上绣制的各种装饰图案的总称。即用

针将丝线或其他纤维、纱线以一定图案和色彩在绣料上穿刺,以缝迹构成花纹的装饰织物。刺绣是我国民间传统手工艺之一,在我国至少有二三千年的历史。

刺绣起源很早。在原始社会时期,人们用纹身、纹面来进行装饰。自从有了麻布、毛纺织品、丝织品,有了衣服之后,人们开始在衣服上刺绣图腾等各式纹样。在虞舜时期,已有刺绣。东周时已设官专司其职。根据《尚书》记载,早在4000多年前的章服制度就规定"衣画而裳绣"。在先秦文献中也有用朱砂涂染丝线,在素白的衣服上刺绣朱红花纹的记载。

到了汉代已有宫廷刺绣。三国时期,孙权曾让赵夫人绣山川地势军阵图,唐永贞元年(公元805年),卢眉娘曾以法华经七卷绣于尺绢之上。我国自汉开始,刺绣逐渐成为闺中绝艺。

目前传世最早的刺绣是战国时期湖南长沙楚墓中出土的两件绣品。

"四大名绣"是指哪四种?

"四大名绣"是指我国刺绣中的苏绣、湘绣、粤绣、蜀绣。

"四大名绣"的称呼形成于19世纪中叶。它的产生除了自身具有的艺术特色之外,另一个重要原因就是绣品商业化的结果。由于市场需求的增加和刺绣产地的不同,刺绣工艺品作为一种商品开始形成了各自的地方特色。其中苏、蜀、粤、湘四个地方的刺绣产品尤为畅销,影响最大,故有"四大名绣"之称。

苏绣,是以江苏苏州为中心,包括江苏地区刺绣产品的总称。图案秀丽、色彩和谐、线条明快、针法活泼、绣工精细是苏绣

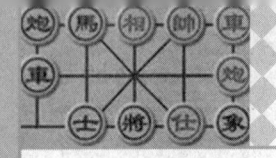

典型的艺术风格,被誉为"东方明珠"。

粤绣,是以广东省广州市为生产中心的手工丝线刺绣的总称。粤绣的主要特色有五个:一是用线多样,除丝线、绒线以外,还用孔雀毛捻缕作线,或用马尾缠绒作线;二是用色明快,对比强烈,讲求华丽效果;三是多用金线作刺绣花纹的轮廓线;四是装饰花纹繁缛丰满、热闹欢快;五是绣工多为男工所任。

蜀绣,也称"川绣",是以成都为中心的四川刺绣产品的总称。蜀绣用针工整、平齐光亮、丝路清晰、不加代笔,花纹边缘如同刀切一般齐整,色彩鲜丽。

湘绣,是以湖南长沙为中心的刺绣产品的总称。在1912年和1933年意大利都灵博览会和巴拿马万国博览会上,湘绣绣品分别荣获最优奖和一等奖,被国外誉为"超级绣品"。

湘绣多以国画为题材,形态生动逼真,曾有"绣花花生香,绣鸟能听声,绣虎能奔跑,绣人能传神"的美誉。

文教体育篇

文藝村育英

学校是怎么来的？

我国古代的学校称为庠、序、学、校、塾等。我国最初的教育活动是没有固定场所的，也无学校的概念。教育活动是与人类生产和社会生活融为一体的，人们主要通过言传身教来传授知识和技能。随着生产力的进一步发展，物质财富日益丰富起来，于是有一部分人从体力劳动中脱离出来，专门从事脑力活动。与此同时，语言文字也在不断丰富和发展。这样，独立的教育机构——学校就逐渐孕育产生了。

我国在原始社会后期，就有了专门对青少年进行教育的特殊场所，青少年在里面接受各种有关生产生活的训练：建筑房屋、下田耕种等社会劳动；唱歌、跳舞、游戏等娱乐活动；礼仪和行为规则等社会规范等等。这就是学校的萌芽。

西周时期称学校为"辟雍"，只是供少数奴隶主贵族读书的场所。最初，学校并不都是专门的教育机构，而是兼为习射、养老的场所。到了西汉，学校分中央和地方两种，中央设立太学，是国家最高学府，类似于今天的大学。在地方上设立学宫。到了唐朝，学校分类更加明细，明清时期的学校基本上都是承袭隋唐发展而来的。清朝末年，实行改革，近代教育开始兴起。光绪二十八年（公元1902年），清政府颁布《钦定学堂章程》，把学校称为学堂。到了1907年，新式学堂已经在全国各地广泛设立。

辛亥革命以后，教育部颁布新学制，把"学堂"一律改称为"学校"，并且一直沿用到今天。

什么是九品中正制？

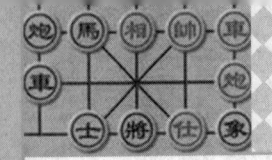

九品中正制是中国魏晋南北朝时期的一种官吏选拔制度。也称九品官人法。此制于魏文帝曹丕篡汉前夕即延康元年（公元220年），由魏吏部尚书陈群制定，到西晋时才渐趋完备。

九品中正制的主要内容如下：

（1）先在各郡、州设置中正。州郡的中正只能由本地人充当，并且多由现任中央官员兼任。任中正者一般是九品中的二品即上品。郡中正开始由各郡长官推选，西晋时改由州中正荐举。

（2）中正的主要职权是评议人物，其标准有三个：家世（被评者的族望和父祖官爵）、道德和才能。中正对人物的道德、才能只作概括性的评语，称为"状"。中正根据家世、才德的评论，对人物作出高下的品定，称为"品"。品一共分为九个等级，即上上、上中、上下、中上、中中、中下、下上、下中、下下。但实质上只有上品和下品。一品一般无人能得，形同虚设，所以二品实际上是最高品。

（3）中正的评议结果须上交司徒府复核批准，然后送报吏部作为选官的依据。

（4）中正评议人物一般3年调整一次，但中正对所评议人物也可以随时予以升品或降品。为了提高中正的权威性，政府还禁止被评者诉讼枉曲。但如果中正定品违法，政府则会追究其责任。

九品中正制创立伊始，评议人物的标准是家世、道德、才能三者并重。但由于魏晋时期充任中正者一般都是二品官员，所以

获得二品者几乎全都是门阀世族,因此门阀世族就完全操控了官吏选拔的大权。在选拔过程中,才德标准渐渐被忽视,家世则越来越重要,甚至成为唯一的选拔标准,到了西晋时期,形成了"上品无寒门,下品无士族"的局面。

到了隋朝,随着门阀制度的衰落和科举制度的兴起,九品中正制才最终被废除。

什么是科举制度?

科举是中国古代读书人所参加的人才选拔的一种考试,它是历代封建王朝通过考试选拔官吏的一种制度。由于采用分科取士的方法,所以称为科举。科举制起源于隋朝,定制于唐朝,到清朝光绪三十一年(公元1905年)举行最后一科进士考试为止,历经了1300多年。

魏晋以来,官员大多从各地高门权贵的子弟中选拔。权贵子弟不论品质优劣,是否有真才实学,都可以做官。而很多出身低微但有真才实学的人,却不能到中央或地方任职,为国家效力。为了改变这种弊端,隋文帝开始采用分科考试的方法来选举人才。到隋炀帝时期,正式设立进士科,我国科举制度正式诞生。

科举制最初的目的是变革门第世家独霸官职的不合理现象,通过公开竞争的考试从平民阶层中选拔有才能的官员,凡考试及格的知识分子,不问出身门第,不论贫富贵贱,一律委派官职。因此,科举制度在创立之初有一定的进步意义,它对提高整个统

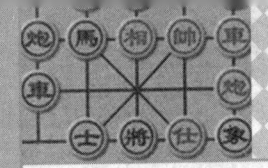

治阶级的文化素养，扩大政府的统治基础，促进社会文化等方面起到了积极作用。

但科举制也有其不可避免的消极影响。科举制的消极影响主要体现在其考核的内容与考试形式上。由于统治者全权控制着科举考试的内容，使科举在一定程度上成为束缚知识分子思想的枷锁，从明代开始，科举的考试内容陷入僵化，明太祖将源于元朝的八股文正式定为科举考试文体。这种文体只要求考生能写出合乎形式的文章，而不着重考生的实际学识。

另外，科举制还是导致家庭悲剧(例如贫士高中之后抛妻弃子)、官场腐败(例如师门裙带关系、收受贿赂、官官相护等等)的元凶之一。

到了清代，清政府为了奴化汉人，更是严格束缚科举考试的内容。清代科举制日趋没落，弊端更是愈演愈烈，导致了科举制最终的消亡。

科举制度中有哪些特定称谓？

正式的科举考试分为"乡试"、"会试"和"殿试"三级。乡试每三年在省城举行一次，称为"大比"。取中者称为"举人"，其中第一名称为"解元"，第二名称为"亚元"。会试则于乡试后的第二年春天在礼部举行，取中者称为"贡士"，第一名称为"会元"。殿试是由皇帝亲自主持的考试，只有贡士才有资格参加，分"三甲"录取，一甲三名赐进士及第，第一名称为"状元"，第二名称为"榜眼"，第三名称为"探花"，合称"三鼎甲"。二甲赐进士出身，第一名称为"传胪"。三甲赐同进士出身。其中，"解元"、"会元"、"状

元"即所谓的"三元"。

但是，科举考试并非所有读书人都能参加的。以明、清两代为例：读书人必须先参加"童试"，参加者无论年龄大小皆称"儒童"或"童生"。录取"入学"后称为"生员"，又名"序生"，俗称"秀才"，秀才分三等，成绩最好者称"禀生"，由公家按月发给粮食；其次称"增生"，不供给粮食，"禀生"和"增生"都有一定的名额限制；三是"附生"，即才入学的附学生员。只有取得了秀才资格，才有机会参加正式的科举考试。

在科举制度中，除了上述称谓外，还有一些特定的称谓需要了解：

孝廉：是汉朝选拔官吏的科目之一，为士大夫的主要途径。明清时期把举人俗称为孝廉。

贡士：古代向朝廷荐举人才的制度。自唐朝以后，经乡贡考试合格称为贡士。到了清代，会试考中的称为贡士。

贡生：明、清时期府、州、县学的生员，凡已考选升入国子监肄业的都称为贡生，意思是以人才贡献给皇帝。

古代的博士、硕士、学士是怎么回事？

博士在我国古代是个官名，最早出现于战国时代。秦始皇时期，博士只作为政府顾问。汉朝以后，博士开始在学宫担任教学工作，博士除授予学官外还授予一些有专门技艺、专门学问的职官，比如魏晋以后的太医博士、天文博士、历学博士、卜博士等。到了唐宋以后，社会上对从事某种职业的人也俗称为博士，如

"茶博士"、"酒博士"等等。

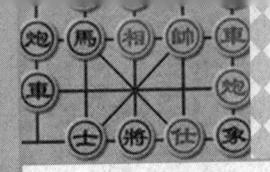

硕士在我国古代通常指那些德高望重、博学多识的人，但在古代史籍中不多见，所以"硕士"一词并不是一个正式的官名或职称。在我国古代，人们常用与硕士含义相似的"硕老"、"硕儒"等词汇称呼那些博学之士。

学士最早出现在周代，专门指那些在学校读书的贵族子弟，后来逐渐演变成官名，成为有学问的人以及久入学者的泛称。魏晋以后，学士正式成为以久学技艺供奉朝廷的官吏。到了唐朝，学士的地位得到极大的提高，甚至可以参与朝政，其中的翰林院学士是众学士之首，为皇帝的亲信顾问和秘书官，因此常被称为"内相"。到了宋代，一经授予翰林学士，即有成为宰相之望。到了清朝，大学士的地位更是显赫，官阶为正一品，为文职官吏之首。

什么是国子监？

国子监是我国古代隋朝以后的中央官学名称，是中国古代教育体系中的最高学府。

国子监属于中国古代的一种大学，始设于隋朝。上古时期的大学，称为成均、上庠，董仲舒曰："五帝名大学曰成均"；郑玄曰："上庠为大学。"夏朝称大学为东序，殷商称大学为右学，周朝又曾设五大学：东为东序，西为瞽宗，南为成均，北为上庠，中为辟雍。到了汉代，开始设立太学，始有国子监之名。

明朝由于迁都，在北京、南京分别都设有国子监，设在南京的国子监被称为"南监"或"南雍"，设在北京的国子监则被称为

"北监"或"北雍"。

北京的国子监始建于元朝大德十年（公元1306年），是我国元、明、清三代国家管理教育的最高行政机关和国家设立的最高学府，位于北京东城区安定门内国子监街15号，是中国最后一个国子监，一直保存至今，成为国家重点文物保护单位。

什么是八股文？

八股文也叫做"时文"、"时艺"、"制艺"、"制义"、"八比文"、"四书文"等等。

八股文是明朝考试制度所规定的一种特殊文体。八股文只讲形式、不重内容，文章的每个段落都被死死地限定在固定的格式里，连字数都有一定的限制，人们只能按照题目的字义敷衍成文。分为：破题、承题、起讲、入手、起股、中股、后股、束股等组成部分。

八股文滥觞于北宋。北宋神宗任用王安石变法，认为唐代以诗赋取士，浮华不切实用，于是并多科为进士一科，一律改试经义，但文体并没有规格。元代的科举考试，基本沿袭宋代。明代洪武元年（公元1368年），诏开科举，对制度以及文体都有了明确而严格的要求。不过写法并无定规。成化年间，经王鏊、谢迁、章懋等人提倡，逐渐形成比较严格的程式。此后一直沿用下来，从明中期一直沿用到清朝末年，一直到戊戌变法之后，八股文才随着科举考试的废除而寿终正寝。

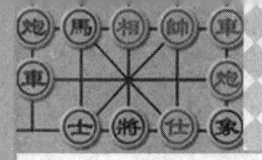

什么是官学？

官学是中国封建社会里中央政府（即朝廷）直接举办和管辖的以及地方官府按照行政区划在地方所办的学校系统。包括中央官学和地方官学。

中央官学正式创始于汉朝。到唐朝时，中央官学达到极盛，制度完备。从南宋开始，中央官学逐渐走下坡路。清朝末年，随着变法改革的兴起，官学完全被学堂和学校所代替。

根据中央官学各自所定的文化程度、教育对象和教学内容的不同，可以将整个中央官学分为最高学府、专科学校和贵族学校三大类。

太学和国子监是历代封建王朝的最高学府，是封建王朝培养人才的主要场所。

专科学校在历代都有不同程度的发展，如东汉末创立的鸿都门学；南朝的史学、文学、儒学和玄学；唐宋明三代分别创办的书学、算学、律学、医学、画学、武学等等，都是属于培养某种专业人才的专科学校。

贵族学校在封建历代都非常盛行，如东汉的四姓小侯学，唐朝的弘文馆、崇文馆，宋代的宗学、诸王宫学及内小学，明朝的宗学，清代的旗学、宗学等等，都是属于贵族学校。

自汉代开始，设立了地方官学，建立了地方学校制度，并且规定：郡国曰学，县、道、邑、侯国曰校，乡曰庠，聚曰序。东汉时期，由于地方官吏多为儒者，所以对兴学都比较重视，因而地方

学校得以普遍建立，形成了"学校如林，庠序盈门"的景象。

魏晋南北朝时期，地方官学也有一定程度的发展，但因为战乱不断，国家处于分裂状态，所以地方官学的发展一度处于或兴或废的不稳定状态。

隋唐时期是中国封建社会的"盛世"时期，教育事业也得到空前发展，特别是唐朝前期，贞观、开元年间官学繁盛。地方官学除在府州和县设有由长史管辖的"儒学"以外，还设有直辖于太医署的府州"医学"，直辖于中央礼部下的祠部的府州"崇玄学"。

宋代地方官学于仁宗庆历四年开始设立。辽、金立国以后，亦仿效汉制，设有地方学校。

元代的地方官学制度比较完备，在路、府、州、县四级，均有相应学校。元代地方官学除设有以上学校外，还设立了具有民族特点的蒙古字学、医学、阴阳学等学校。

明朝前期是中国封建社会地方官学兴盛的时代。既在全国诸府、州、县设立府、州、县学，还在防区卫所设有卫学，乡村设有社学。

清代地方官学基本沿袭明制，依然设有府学、州学、县学，并于乡间设置社学。

什么是"私学"

私学是相对于官学——即政府所办学校而言的。私学即私人办的学校。我国古代私学起始于春秋时期，根据史书记载，我国最早的私学是春秋中叶郑国的邓析所创办，讲授他自己的著作《竹刑》，专教讼诉之法。

到了汉代，私学分为两部分，一是以启蒙教育为主的书馆或学馆，先教识字，可读《孝经》和《论语》等；二是传授经学的精舍，精舍一般由当时精通儒学的名家所建。

魏晋南北朝时期，官学时兴时废，私学相对得到很大发展。

隋唐时期官学兴盛，私学也随之进一步发达。如隋朝的大儒王通、曹宪，唐朝的颜师古、孔颖达、尹知章、韩愈等都曾在私学中教授学生。很多名儒还隐居山水胜地，开馆设院，这也成为宋代书院大兴的起源。

宋代的私学教育和启蒙教育都得到了进一步的发展。南宋官学有名无实，很多学者致力于私学。这一时期的启蒙教育已经形成相对稳定的教学内容，《三字经》、《百家姓》、《千家诗》等启蒙教材多是宋人编撰或修订而成。

辽、金、元这几个朝代私学也很活跃，原因是统治阶层发生了民族更迭，统治阶级迫切需要培养本民族的治国人才，而频繁的战火使得官学远远不能满足这个需要，因而私学得到大幅度的发展。一直到明清时代，私学依然兴盛不衰。

什么是私塾？

塾是指古代私人所办的学校，它是私学的重要组成部分。私塾分为很多种：有塾师自己办的教馆、学馆、村校，有地主、商人设立的家塾，还有用祠堂、庙宇的地租收入或私人捐款兴办的义塾等等。私塾产生于春秋时期，人们一般都认为孔子在家乡曲阜开办的私学即是私塾的开始，孔子也因此成为第一个有名的大塾师。

其实，私塾是从更早的塾发展而来的。早在西周时期，塾只是一种乡学中的形式。《学记》对西周的学制有这样的记载："古之教者，家有塾、党有庠、术有序、国有学。"当时，塾的建立者大多是告老还乡的官员，负责在地方推行教化。

最早关于塾的记载出自于商代的甲骨文。根据裘锡圭先生考证，在殷墟出土的卜辞中，有很多处提到了塾。塾在卜辞中写作"埶"。不过，商代的塾不是教育儿童的场所，而是宫门侧之堂。

私塾是我国古代私人所设立的教学场所，相当于现在的私立学校。私塾对传播祖国传统文化，促进教育事业的发展，培养启蒙儿童等方面，曾起到过极其重要的作用。

私塾的学生多6岁启蒙。学生入学无需经过入学考试，一般只需征得先生同意即可。入学前需在孔老夫子的牌位或圣像前恭立，向孔老夫子和先生各磕一个头或作一个揖，如此才算取得了入学资格。私塾的规模一般不大，学生多者可达二十余人，少者只有数人。

私塾的教材一般是我国古代通行的蒙养教本"三、百、千、千"，即《三字经》、《百家姓》、《千家诗》、《千字文》，以及《女儿经》、《教儿经》、《童蒙须知》等等。学完这些初级课程之后，学生进一步读四书五经、《古文观止》等。私塾的教学内容以识字、习字为主，同时也学习吟诗作对等。

什么是蒙学？

蒙学，是对我国传统的幼儿启蒙教育的一个统称，与小学、

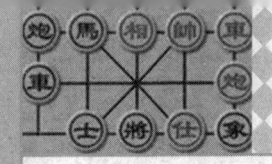

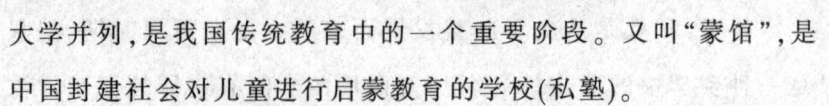

大学并列，是我国传统教育中的一个重要阶段。又叫"蒙馆"，是中国封建社会对儿童进行启蒙教育的学校(私塾)。

目前，学术界所说的蒙学有狭义和广义之分。从广义上讲，蒙学泛指古代启蒙教育，包括其教育体制、教学方法、教材等各方面内容；从狭义上讲，蒙学专指启蒙教材，即童蒙读本。

在我国古代，儿童接受教育的年龄一般是在四岁左右，四岁恰恰是儿童学习汉字的最佳年龄阶段。蒙学阶段主要采用的教材是所谓的"三百千千弟子规"，即《三字经》、《百家姓》、《千字文》、《千家诗》、《弟子规》等。同时，在蒙学阶段也会让儿童简单接触一下"四书"，即《大学》、《中庸》、《论语》、《孟子》等经典书目，为以后的学习打下基础。

蒙学教育的基本目标是培养儿童的认字和书写能力，养成良好的日常生活习惯，具备基本的道德伦理规范；并掌握一些中国基本文化的常识及一些日常生活常识。所以其主要教育内容为识字、写字和道德教育，主要采取个别教学方法，偏重背诵和练习。

什么是书院？

书院是实施藏书、教学和研究三结合的高等教育机构。书院起源于唐代，兴盛于宋代，是中国古代教育史以及学术史上具有重要地位的教育组织形式。从唐朝中叶一直到清末，历经了千年之久的办学历史，形成了一套独具特色的办学形式、教授方法、管理体制等教育模式，使源远流长的传统私学趋于成熟和完善。

书院主要有以下两种形式：

(1)中央官府设立，是用于收藏、校勘和整理图书的机构。

(2)民间设立，是供个人读书治学的地方。从宋代开始，书院作为一种教育制度正式形成。

唐朝末年至五代时期，战火不断，官学衰败，很多读书人不得不避居山林，开始模仿佛教禅林讲经制度创立书院，从而形成了中国封建社会特有的教育组织形式。

北宋时期，以讲学为主的书院日渐增多。南宋时期，理学日益兴盛，书院逐渐成为学派活动的场所。书院大多是自筹经费建造校舍。教学采取自学、共同讲习和教师指导三结合的方式进行。书院的目的是为了教育、培养人的学问和德性，而不是为了应试获取功名。

到了明代，书院发展到了1200多所，其中有一些是官办书院。私立书院自由讲学，抨击时弊，成为思想舆论和政治活动的集中地。最著名的是江苏无锡的东林书院。明朝统治者曾先后四次毁禁书院，在严酷的政治打压下，书院仍然保持着它顽强的生命力。东林书院的对联写到："风声雨声读书声，声声入耳；家事国事天下事，事事关心。"

清代的书院达到2000余所，但书院的官学化也达到了极点，大部分书院与官学并无二致。到了光绪二十七年（公元1901年），政府诏令各省的书院都改为大学堂，各府、厅、直隶州的书院都改为中学堂，各州县的书院都改为小学堂。至此书院结束了它千余年的生命。

四大书院指的是什么？

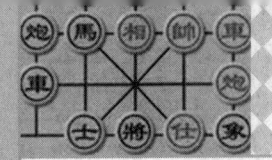

中国古代的四大书院指的是下列四个书院：

(1) 岳麓书院

岳麓山上，清溪茂林之间，有一座雅致的千年庭院，大门前悬挂着这样一副楹联，上曰"惟楚有才，于斯为盛"。这就是岳麓书院。岳麓书院始创于北宋开宝九年，是潭州太守朱洞在僧人办学的基础上正式创立的。

(2) 白鹿洞书院

唐朝贞元年间，洛阳人李渤和其兄李涉在一洞内隐居读书，曾驯养一只白鹿。此鹿通人性，常跟随左右，并能跋涉数十里到星子县城将主人要买的书、纸、笔、墨等如数购回，故而当时的人们都称李渤为白鹿先生，称其所居住之洞为白鹿洞。后来李渤出任江州刺史，便在此旧址创建台榭。到了南唐时，在此地办起了学校，称为"庐山国学"，这就是白鹿洞书院的前身。

(3) 嵩阳书院

嵩阳书院，原名嵩阳寺，坐落于河南省登封市区北 2.5 千米的嵩山南麓，背靠峻极峰，面对双溪河，因坐落于嵩山之阳而得名。嵩阳书院是中国古代著名的高等学府，在历史上以理学著称于世。北宋著名理学大师程颢、程颐都曾在此聚众讲学。北宋司马光、范仲淹、李刚、朱熹等名儒名家也曾在此讲学。嵩阳书院一直是儒学传播的重要圣地。

(4) 应天书院

应天书院的前身是后晋时杨悫(què)所办的私学。公元1009年，宋真宗正式将该书院赐名为"应天府书院"。宋仁宗时，又在1043年将应天书院这一府学改为南京国子监，使其成为北宋的最高学府之一。后来，应天书院在应天知府、著名文学家晏殊等人的支持下，不断得到扩展。当时著名的政治家、文学家范仲淹等一批名家名师都曾在此任教讲学，使得应天书院显盛一时。

密封考卷是怎么来的？

武则天当上皇帝以后，为了巩固自己的统治地位，从地方上大量选拔治理国家的贤才。她独出心裁地创设了举荐和"试官"制度，即对所有举荐当官者，都先给一个特定职位，以检验其才能。

但是，负责举荐人才的官员在举荐人才时，往往不管才识深浅，不问聪明贤愚，都加以擢用。于是出现了滥封官的现象。这很快引起朝野上下的普遍不满。

这之后，武则天考虑到"试官"的危害性，决定实行考试选官制度。根据《隋唐嘉话》记载："武后以吏部选人多不实，乃令试日自糊其名，暗考以定等节。判之糊名，自此始也。"大意是说，有一年武则天在洛阳殿亲自测试贡生，好几天才完毕，却发现了不少蠢才。为了使考试制度真正起到选拔人才的作用，武则天遂颁诏天下，规定以后朝廷选拔人才，必须一律用纸糊上考生考卷上的姓名，监考官只能按照答卷的成绩优劣选拔人才，然后依据才能授予官职。这就是历史上最早的密封考试。这种密封考卷的方法

一直沿用到今天。它的好处是可以避免徇私舞弊,达到了选拔真才实学的目的。

"桃李满天下"是怎么来的?

今天,我们常用"桃李满天下"来比喻一个人学生很多,各地都有。那么,"桃李满天下"是怎么来的呢?这里面有一个典故。

春秋时期,魏国大臣子质才高八斗、学富五车。他因为得罪了魏文侯,所以不得不跑到北方一个朋友家里躲避。这位朋友的家境并不富裕,子质不愿意给朋友增加生活负担,于是想开个学馆,收一些学生教读,借以糊口度日。朋友很支持他,就腾出两间空房作为教室,子质所收的学生不论贵贱、不分贫富,只要是愿意学习的孩子,都可以拜他为师。

这个学馆里有一棵桃树。凡是来上学的学生都跪在桃李树下认子质为先生。子质指着已结果的两棵树教导学生们说:"你们都要刻苦学习,要像这两棵树一样开花结果。只有学问高,才能为国家做出一番大事业。"

为了把学生们培养成有用人才,子质认真地教学。在他的严格管教下,学生们都发奋读书,努力学习。到后来,子质这些学生先后成才,成了国家的栋梁。为了感念子质先生的教诲,学生们都在自己的住处亲手栽种桃树和李树。

子质到各国游历时,碰到了在各国当官的学生,并看到了学生栽的这两种树,便骄傲地说:"我的学生真是桃李满天下啊!一个个都很有作为!"

从此，当先生（老师）的就以"桃李"代称学生，人们也渐渐把学生多称为"桃李满天下"了。

古今对"老师"都有哪些称谓？

老师是指传授学生知识的人，是对传授文化或技术的人的一种尊称，也泛指在某方面值得学习的人。

"老师"一词最初只是指年老资深的学者。后来其内涵进一步扩大，人们把教学生的人统称为"老师"，正如《师说》中所言："师者，所以传道受业解惑也。"

我国历来有尊师重道的传统，自古就有"人有三尊，君、父、师"的说法。我国古代教师的称谓颇多，最常见的尊称有以下五种：

（1）老师

老师原来只是宋元时期对地方小学教师的称谓。如金代文学家元好问在他的《示侄孙伯安》里云："伯安入小学，颖悟非凡貌。属句有夙性，说字惊老师。"后来，老师进一步成为学生对教师的尊称，一直沿用到今天。

（2）西席、西宾

汉明帝刘庄为太子时，拜桓荣为师，登皇位后，刘庄对桓荣仍十分尊敬，常到桓荣住的太常府内，听桓荣讲经。汉代时期席地而坐，室内坐次以靠西墙（西边），面向东方为尊。汉明帝给桓荣安排坐西南面东的坐席，表示对启蒙老师的尊敬，从此，"西席"便成了对教师的尊称，也称西宾。

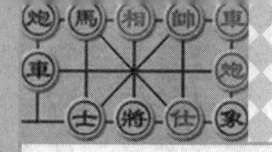

（3）师长

师长是古时候对教师的尊称之一。如《韩非子·五蠹》有云："有不才之子……师长教之弗为为变。"

（4）山长

"山长"之名源于《荆相近事》。五代时期，蒋维东隐居于衡岳，以讲学为主，受业者众多，尊称蒋维东为"山长"。此后，山中书院中的主讲教师亦称为"山长"。久而久之，"山长"便成了一种对教师的尊称。

（5）先生

"先生"的称呼由来已久。不过在历史上不同的时期，"先生"这个称呼的所指亦有不同。如《论语·为政》上说："有酒食，先生馔。"这里的"先生"是父兄之意，意思是有酒肴，就孝敬了父兄。再如《孟子》上说："先生何为出此言也。"这一"先生"是指长辈且有学问的人。

发展到今天，基于教师职业的崇高性，人们还赋予了教师很多光荣的称谓，比如：园丁、慈母、蜡烛、春蚕、春雨、人梯、孺子牛、人类灵魂的工程师等等。

中国武术是如何产生的？

中国武术是中华民族在长期的生产劳动与大自然的搏斗，以及冷兵器时代的战争中，逐步形成和发展起来的一种体育项目，具有强身健体、自卫、克敌制胜等作用。武术历史悠久、源远流长、内容丰富、形式多样，兼有竞技和健身双重价值，深受人们喜

爱。

中国武术的起源可以追溯到原始社会。在原始社会，人少兽多，自然环境非常恶劣。在与大自然进行斗争的过程中，人们逐渐产生了拳打脚踢、指抓掌击、跳跃翻滚等初级攻防手段，后来又学会了制造和使用石制或木制工具作为武器，这些徒手或使用器械捕杀的技能就是武术的萌芽。

在旧石器时代，已经出现了尖状石器、石球、石斧、骨角加工的矛等器械武器。等到了新石器时代末期，又出现了石铲、石刀、骨制鱼叉、箭镞、铜钺、铜斧等更为先进的武器。这些原始的生产工具和武器，后来大部分成了武术器械的前身。

原始社会末期，部落战争频繁不断，大大促进了武术的发展。在部落战争中，远距离可以使用弓箭、投掷器等武器，近距离则可以使用棍棒、刀斧、长矛等。只要是能用于捕斗搏击的生产工具都可以成为战斗武器。

到了先秦时期，各诸侯国都非常重视培养和训练将士的搏击技术。汉代，带有搏击性质的"角抵"已相当普遍，还发明了铁制兵器，出现了编排起来的攻防连续套路。到了晋代，武术练习已有"口诀要术"，武术的雏形已现端倪。

太极拳是怎么来的？

"太极"一词源出《周易·系辞》："易有太极，是生两仪。""太极"含有至高、至极、绝对、唯一的意思。

太极拳，早期曾被称为"长拳"、"绵拳"、"十三势"、"软手"等

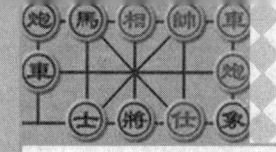

等。清朝乾隆年间，山西人王宗岳著《太极拳论》，才最终确定了太极拳的名称。

关于太极拳的起源和创始人，说法不一、众说纷纭，概括起来有唐朝许宣平、宋朝张三峰、明朝张三丰、清朝陈王廷和王宗岳等几种说法。虽然张三丰和王宗岳都各自著有《太极拳论》，但现在大多数太极拳都源出陈式太极拳，所以很多人都秉持和信奉陈王廷创拳之说。

总体来说，太极拳综合吸收了明代名家拳法，特别是吸取了戚继光的三十二势长拳，结合了古代导引、吐纳气功之术、中医经络学说以及古代朴素辩证唯物主义的阴阳五行学说，并以道教、太极八卦等理论为其哲学基础，因此太极拳蕴含着丰富的中国传统文化和传统哲学思想。

太极拳运动是一种对立统一的矛盾运动，在太极拳中存在着刚柔、虚实、动静、快慢、开合、曲伸等既对立统一、又可相互转化的矛盾。

蹴鞠是一种什么运动？

"蹴鞠"一词最早的记载见于《史记·苏秦列传》，苏秦游说齐宣王时曾这样形容临苗："临苗甚富而实，其民无不吹竽、鼓瑟、蹋鞠者"。

蹴鞠也名"蹋鞠"、"蹴球"、"蹴圆"、"筑球"、"踢圆"等。"蹴"的意思就是用脚踢，"鞠"的意思是皮制的球，合起来"蹴鞠"就是用脚踢球。

蹴鞠是中国一项古老的体育运动，有直接对抗、间接对抗和

白打三种形式。

蹴鞠迄今为止已经流传了2300多年，它起源于春秋战国时期齐国的故都临淄，唐宋时期最为兴盛，经常出现"球终日不坠"、"球不离足,足不离球,华庭观赏,万人瞻仰"的景象。

中国传统文化推崇儒家思想，讲究"和"与"中庸"，因此社会文化心理是重"文治"而轻"武功"的，人们大都推崇谦谦君子的温文尔雅，鄙夷孔武之士的争强好胜，在这种社会文化的背景下，蹴鞠逐渐由对抗性比赛演变为表演性竞技。

投壶是一种什么运动？

投壶是古代士大夫宴饮时做的一种投掷游戏。

春秋战国时期，诸侯宴请宾客时的礼仪之一就是请客人射箭。那时，成年男子不会射箭会被视为耻辱。如果主人请客人射箭，客人是不能推辞的。但是有的客人的确不会射箭，就用箭投酒壶代替。久而久之，投壶就代替了射箭，成为宴饮时的一种游戏。

投壶在战国时相当盛行，当时的文人雅士倾向于修生养性，投壶这种从容安详、讲究礼节的活动，恰恰迎合了他们的需要。

由于社会的发展，民间以投壶为乐的现象也越来越普遍，成为广受人们欢迎的娱乐游戏之一。

击鞠是一种什么运动？

击鞠，其实就是现代的马球，也称为打毬或击毬。游戏者必须骑在马上击球，击鞠所用的球有拳头大小，球体的中间被掏空，制球的原料是一种质地轻巧且柔韧的木材，球的外面往往雕

有精致的图案或花纹。

关于击鞠的起源有不同的说法。有的学者认为击鞠是在唐代由波斯(今伊朗)传到吐蕃(今西藏地区),尔后才于中原地区流行的。也有学者认为击鞠是中国人自创的。在中国古文献中,"击鞠"一词最早出现于曹植所著的《名都篇》中。由此可见,击鞠在东汉时期就已经出现了。

因为做球的原料是一种质地轻巧且非常柔韧的特殊木材,而且球的外面还涂有鲜亮的颜色,雕有精致的花纹,因此马球不仅是竞技运动的工具,还可作为精美的工艺品。

击鞠必不可少的比赛工具是球杖。因为比赛者是骑在马背上击球,所以球杖要特别长,球杖的顶端像偃月一样弯曲,这样可以确保将急速滚动的马球挡住。

在击鞠运动中,最昂贵的花费是马匹。这种高成本注定了它的贵族属性,一般平民百姓是玩不起的,这就大大限制了它的发展空间。

拔河是怎么来的?

拔河是人数相等的双方对拉一根粗绳以比较力量大小的一种对抗性体育娱乐活动。

根据唐代《封氏闻见记》记载:"拔河,古谓之牵钩。襄汉风俗,常以正旦望日为之。相传楚将伐吴,以为教战。梁简文临雍部,禁之而不能绝。古用篾缆,今民则以大麻絙,长四、五十丈,两头分系小索数百条,挂于前。分二朋,两朋齐挽。当大絙之中,立大旗为界,震鼓叫噪,使相牵引。以却者为胜,就者为输,名曰拔

河"。牵钩之戏即"拔河"，亦称"施钩之戏"，后世又称"扯绳"，唐代以前称"牵钩"、"拔桓"。战国时期的《墨子·鲁问》最早记录了"牵钩"中的战器"钩强"："公输子自鲁南游楚，焉始为舟战之器，作为钩强之备，退者钩之，进者强之，量其钩强之长，而制为之兵。楚之兵节，越之兵不节，楚人因此若势，亟败越人"。公输子即春秋战国时代著名的工匠鲁班。当时楚国与越国进行水上舟战，楚国聘请来楚地游历的鲁班为他们设计一种名为"钩强"的器具，在舟战占优势的情况下可以用它钩住敌舟，不让对方逃脱；在失利时可以用它抵住敌舟，不让对方靠近。最终楚军大获全胜。后来牵钩从军中流传至民间，演变为拔河比赛。

在古代，拔河不仅是竞技游戏，还有求甘雨、祈年丰、期吉祥和炫耀国力之意，声势浩大的拔河比赛被封建统治者们视为国力强盛的象征，他们常用此比赛向百姓及外国使者显示王朝的强大。

近代学堂出现以后，拔河被列入教学和课外活动的内容之一。中华人民共和国成立以后，拔河活动更为普遍，特别是在节假日里，单位、学校、部队、农村等都把拔河列入主要的比赛内容。

角抵是一种什么运动？

角抵是一种古代的较力游戏，类似于今天的摔跤。

角抵主要是通过力气大小的较量，用非常简单的人体相搏的方式来决出胜负。

角抵的起源很早，可以追溯到上古时代。据《述异记》记载，

上古时期的蚩尤民族头上长着角，耳鬓旁长着剑戟。他们在与黄帝打仗时，就是以头上的角来攻击和抵御敌人的，敌方对此也很难防御。这种所谓的"以角抵人"，其实就是一种类似现在摔跤的角力活动。

角抵活动在秦汉时期非常盛行，但是这时的角抵已经不再是一种争斗相搏的手段，而是转变为一种带有一定表演成分的游戏活动。据古籍记载："秦并天下，罢讲武礼，为角抵。"意思是说秦始皇怕民众起来造反，于是便罢武礼、息兵事，把角抵变成一种寻欢作乐的游戏节目。

围棋是怎么来的？

围棋是一种思维性和策略性的二人棋类游戏，使用格状棋盘及黑白二色棋子进行对弈。围棋的流行范围极广，几乎覆盖了整个世界，是一种非常流行的棋类游戏。

那么，围棋到底起源于哪国呢？这个问题历来众说纷纭、说法不一。我国最早关于围棋起源的传说要数"尧舜以棋教子"的故事了。"琴棋书画"是中国古代四大艺术，"琴棋书画"中的"棋"，指的就是围棋。晋人张华在《博物志》中说："尧造围棋以教子丹朱。"《路史后记》对此记载更为详细：尧娶妻富宜氏，生下儿子朱，儿子行为不好，尧很难过，特地制作了围棋，"以闲其情"。按照此种说法，制造围棋，纯粹是为了开发智慧。当然这种说法只是一种美妙的传说，并无多少可信度。

不过通过考古学的发掘和研究，我们的确可以将围棋的渊源追溯到原始社会。在甘肃水昌县鸳鸯池出土的原始社会末期的

陶罐里，不少绘有黑色、红色甚至彩色的条纹图案，线条均匀，纵横交错，格子齐整，形状很像现在的围棋盘，但纵横线条只有十至十二道，而不是现在的十九道。考古学家称之为棋盘纹图案。在湖南省湘阴县挖掘出一座唐代古墓，随葬品里有围棋盘一件，呈正方形，纵横各十五道。在内蒙古发掘的一座辽代古墓里，挖出围棋方桌，高十厘米，边长四十厘米，桌上画有长宽各三十厘米的围棋盘，棋盘纵横各十三道，布有黑子七十一枚，白子七十三枚，共一百四十四枚，另有黑子八枚，白子三枚空放着。这些考古发现足以说明两点：(1) 围棋在原始社会时已具雏形，纵横交错的棋盘图形已经基本形成；(2) 从出土棋盘的十、十三、十五……直至今天通用的十九道线的发展过程看，围棋绝对不是某一个人在某一天里突然创造出的奇迹，而是经过了一个由简单到复杂的过程，时间跨度极广，集聚了无数围棋爱好者的智慧和经验，最终才形成今天这种规模的。所以说，围棋的创造者并非某一个人，而是我国广大的劳动群众。

最早的时候，"弈"是专指围棋的。东汉许慎在《说文解字》中说："弈，围棋也。""围棋"的名称是发展而来的。西汉杨雄在《方言》中说："围棋谓之弈，自关而东，齐鲁之间皆谓之弈。"可见，西汉年间，弈已成了围棋的别称；仍然称弈的，只有北方部分地区。到了东汉时期，围棋已在书面语中普遍使用，比如马融著的《围棋赋》、李尤写的《围棋铭》等等。

在围棋的发展演变过程中，除了"弈"和"围棋"两个名字外，它还有很多有趣的别名，比如晋朝时，有人称围棋为"坐隐"或

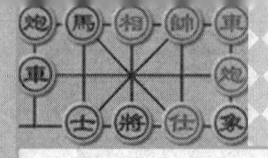

"手谈"等等。

中国象棋是怎么来的？

象棋，亦称中国象棋，是一种古老的智力游戏，人们通过对弈往往能参透一些人生哲理，提高自己的觉悟能力、思维能力和生活乐趣。

象棋在中国有着悠久的历史，是一种二人对抗性的游戏，由于用具简单，趣味性强，成为流行极为广泛的棋艺活动。为促进该项目在世界范围内的普及和推广，"中国象棋"的名称已更改为"象棋"。

中国象棋源远流长。《楚辞·招魂》篇记载："蓖蔽象棋，有六博些。分曹并进，遒相追些。成枭而牟，呼五白些。"用象棋一词指六博始见于此。不过象棋和六博的形制完全不同，六博是一种掷采行棋角胜的局戏，而象棋是一种较量智谋、技术、修养的竞技活动。由于六博与后来的象戏有着一定的渊源关系，"象棋"一词的出现，预示着日后象棋的产生，所以将这一段时期称为象棋的孕育期。

据《说苑》记载：雍门子周以琴见孟尝君，曰："足下千乘之君也……燕则斗象棋而舞郑女。"由此可见，远在战国时代，象棋已在贵族阶层中非常流行了。早期的象棋，棋制由棋、箸、局等三种器具组成，两方行棋，每方六子，分别为：枭、卢、雉、犊、塞(二枚)。棋子用象牙雕刻而成。箸，相当于骰子，在棋之前先要投箸。局是一种方形的棋盘。比赛时，"投六箸，行六棋"，斗巧斗智，既要相

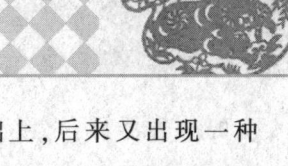

互进攻，又要自我防守。在这种棋制的基础上，后来又出现一种叫"塞"的棋戏，只行棋不投箸，从而摆脱了早期象棋中侥幸取胜的可能性。

秦汉时期，塞戏颇为盛行，当时又称为"格五"。至南北朝时期，北周武帝制《象经》，王褒著《象戏·序》，庚信写《象戏经赋》，这标志着象棋形制第二次大改革的完成。

隋唐时期，象棋活动进一步开展。唐代的象棋形制，和早期的国际象棋有很多相似之处。

宋代是象棋广泛流行，形制大变革的时代。北宋时期，先后有司马光的《七国象戏》、尹洙的《象戏格》、《棋势》、晁补之的《广象戏图》等著作相继问世，民间还非常流行"大象戏"。经过近百年的实践发展，象棋在北宋末期定型成近代模式：32枚棋子，有河界的棋盘，将在九宫之中等等。

明、清两代，象棋高手辈出、佳作如云。棋理棋势的研究也更加深化，大大促进了象棋文化的发展，是古代象棋史上的黄金时期。

中华人民共和国成立以后，象棋工作者们总结发扬前人的文化遗产，锐意进取，不断创新，使中国的象棋文化更加绚丽多姿，真正成为了中华文化史上一颗璀璨的明珠。

踢毽子起源于什么时候？

踢毽子是我国一项流传很广、有着悠久历史的民族体育活动。那么，踢毽子起源于什么时候？又是何人首创？

传说认为：毽"创自轩辕黄帝"。当时叫"毱"，不叫毽，是练习武

士的一种器具。"毱"在中华大字典中解释为"皮毛丸"。很显然，"皮毛丸"与毽是两种截然不同的东西。故此种说法不足为信。

根据文史学家的考证，汉代书像砖上就有记载踢毽者的图像了，因此踢毽子可以说是起源于汉代。

最早记载踢毽子活动的书是唐人释道宣所著的《高僧传》：有一个名叫跋陀的人到洛阳去，在路上遇到了十二岁的惠光，在天街井栏上反踢毽子，并且连续踢了五百次，观众欢呼不已。跋陀是河南嵩山少林寺的祖师，他非常喜欢惠光，就把他收为徒弟，惠光因此成了少林寺的小和尚。而少林寺武术也就开始采用踢毽子作为辅助工具之一。

到了宋代，参加踢毽子运动的人更加普遍，当时在临安城就有专门制作毽子的小手工艺人。

踢毽子到了明清时代更为流行，不但有单人踢，还有多人踢。据《帝京景物略》一书记载："杨柳儿活，抽陀螺；杨柳儿青，放空钟；杨柳儿死，踢毽子。"这说明了在杨柳儿枯、天气冷的冬天，踢毽子正好可以暖身活血，抵御严寒。

到了清末，踢毽子已达到鼎盛时期，参加的人越来越多，不仅用来锻炼身体，而且把踢毽子与书画、琴棋、放风筝、养花鸟等相提并论，成为一种流行时尚。

1987年9月，中国毽球协会成立，标志着毽球运动在我国进入了新的发展阶段。此后，每年一次的全国毽球锦标赛和职工、中小学比赛已形成制度。由于踢毽子运动占地面积小、简便易学、男女皆可、老少皆宜，所以越来越受到人们的喜爱，成为全民

健身活动中不可或缺的重要组成部分。

赛龙舟是怎么来的？

赛龙舟最早是古越族人祭水神或龙神的一种祭祀活动，它的起源可以追溯到原始社会末期。"龙舟"一词，最早的记载见于先秦古书《穆天子传·卷五》："天子乘鸟舟、龙舟浮于大沼。"

赛龙舟是端午节的主要习俗之一。相传起源于对屈原投江的纪念。古时楚国人因舍不得贤臣屈原投江死去，很多人划船追赶拯救。他们争先恐后，一直追至洞庭湖时不见踪迹。之后，他们每年五月五日便划龙舟用以纪念屈原。为的是借划龙舟驱散江中之鱼，以免屈原的尸身被鱼吃掉。

其实，赛龙舟早在战国时代就有了，是一种祭仪中半宗教性、半娱乐性的节目。因此，纪念屈原只是赛龙舟的意义之一。除此之外，在我国各地，它还有很多不同的寓意。

比如浙江地区，是以龙舟竞渡纪念曹娥。据《后汉书·列女传》记载，曹娥是投江死去的，民间传说她下江是为了寻找父尸。所以人们用此方式祭祀之。

根据《清嘉录》记载，吴地（江苏一带）竞渡，是源于纪念伍子胥，苏州因此有端午祭伍子胥之旧习，并于水上举行竞渡以示纪念。

1980年，赛龙舟被列入中国国家体育比赛项目之一，每年举行"屈原杯"龙舟赛。1991年6月16日（农历五月初五），在屈原的第二故乡湖南岳阳市，举行了首届国际龙舟节。此后，湖南便

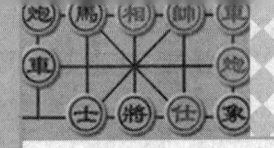

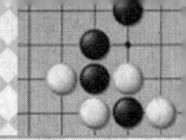

定期举办国际龙舟节。

龙舟赛现已从我国传到国外，并且深受各国人民的喜爱。

扭秧歌是怎么来的？

秧歌舞又称扭秧歌，是我国最具代表性的民间舞蹈形式之一，也是一种民间独具一格的集体歌舞艺术形式，深受广大观众的喜爱。

当今扭秧歌主要流行我国北方广大地区。它原是农民在插秧时的一种歌咏活动，起源于农业生产劳动。清代屈大均在《广东新语》中记述说：每年春耕时，农家的妇女儿童数以十计，一起到田里插秧，一人敲起了大鼓，鼓声一响，"群歌竞作，弥日不绝"，称之为"秧歌"。它最初是以唱歌的形式出现，后来发展成舞蹈和戏剧表演的形式。

秧歌大概产生于宋代，最初的名称叫"讶鼓"（迓鼓），是一种以"妖哥"为主要角色的西域歌舞。宋朝时，它与汉族元宵社火相结合，发展成为秧歌。

到了清代，"秧歌"已在全国各地广泛流传。为加以区分，人们常把某地区或形式特征冠于前面，如北方的"鼓子秧歌"（山东）、"陕北秧歌"、"地秧歌"（河北、北京、辽宁）、"满族秧歌"、"高跷秧歌"等等；而南方则有"花鼓"、"花灯"、"采茶"等等，虽然其名称各异，但都同属于"秧歌"这一类型，是从"秧歌"派分出来的地方形式。

民风民俗篇

姓和氏有什么区别？

姓和氏在来源上有明显的区别。姓是基于母系血统，而氏却是基于男性血统。

《左传》中有"因生以赐姓"的说法，这意味着姓是个人血缘关系归属的标志。氏族社会初期，婚姻制度采取群婚制，即一个氏族的女子共同以另一个氏族的男子为丈夫，同样，一个氏族的男子亦以另一个氏族的女子为妻子，也就是共夫共妻的制度，夫妻关系不是一对一的专偶关系，一个人生下来之后就只知其母不知其父。在氏族社会初期，只有母亲一系的世系是可以确定的，相应的，初期的氏族集团只能由母系的血缘关系联结而成，这就是所谓的母系氏族。原始氏族既然是母系氏族，则姓作为氏族的标志，也就等于是母系或女性血缘关系的象征。因此，"姓"字是由"女"字和"生"字组成的，"生"字代表"因生以赐姓"，而"女"字则代表最初的姓是以女性血缘关系为依据的。

与姓源于母系氏族不同，氏是与男性有关的，郑樵说："三代之前……男子称氏，妇人称姓"，不过"男子称氏"并不意味着氏是父系社会的产物，也不代表氏产生于母系氏族为父系氏族代替之后。

氏是族群政治地位的象征，即权力和财富的象征。《左传》有云："胙之土而命之氏"，所谓"胙之土"，意思是授予财富、人民和使用这些财富统治这些人民的权力。中国很早就进入了农业经济时代，土地是农业社会最主要的财富，所以授予土地实际上也

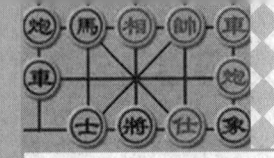

包括授予这块土地上生活的异姓土著居民。因此，所谓"胙之土"，实际上也就是获得了一定的经济、政治权力，"胙之土而命之氏"，氏源于权力，是权力的象征。

由此可见，姓的产生是基于血统，在最初是源自于母系血统，而氏的产生是基于权力，自始至终都是源于男性。

到了春秋战国时期，整个社会发生了重大变革，姓氏制度开始出现混乱，姓氏逐渐趋于混同。

古人的名和字之间有什么联系？

古人所说的"名"和"字"和今天所说的"名字"并不是一回事。古人往往有名有字，男子在20岁行冠礼时取字，女子在15岁行笄礼时取字。对人尊称时要称字，不能称名；而自称或谦称时要称名，对晚辈及卑者也要称名，不能称字。

古人的名和字之间是有一定联系的，这种联系大致分为四类：

(1)意义上的联系。

这类情况最多，又分为以下三种情况：第一种是意义相同或相近，比如三国时期的诸葛亮，字孔明，"亮"与"明"为同义，"孔"是"甚"的意思；第二种是意义相对或相反，如唐代诗人王绩，字无功，"绩"与"无功"正好相反，又如韩愈，字退之，"愈"和"退"的意义相反；第三种是意义相关，如杜甫，字子美，"甫"是古代男子的美称。

(2)形体上的联系。

比如唐代诗人曹邺,字业之,清初医学家张璐,字路玉等等。

(3)语音上的联系。

比如春秋时期的斗成然,字子旗,"成然"即"旃(zhān)",两者在语音上是缓读与急读的关系;再如隋朝大臣苏威,字无畏。

(4)"字"由作为"名"的那个字与附加的一字组成。

比如西魏苏绰,字令绰;再如唐代诗人杜牧,字牧之;李白,字太白等等。其中附加的字常为"之、令、子、君、太、孟、仲、叔、季"等。

当然,也有些古人的名和字之间并没有上述的联系。

古人如何谦称自己?

古人由于身份、地位的不同往往对自己的称呼也有所差异。下面是我国古人对自己的一些常见的称呼。

愚:谦称自己不聪明,比如:愚兄,是向比自己年轻的人谦称自己;愚见,是谦称自己的见解。也可以单独用"愚"谦称自己。

鄙:谦称自己学识浅薄,比如:鄙人,是一种对自己的谦称;鄙意,是谦称自己的意见等等。

敝:谦称自己或自己的事物不好,比如:敝人,用于谦称自己;敝姓,用于谦称自己的姓;敝处,用于谦称自己的房屋、处所;敝校,用于谦称自己所在的学校。

卑:谦称自己身份低微,比如:臣子常对皇帝自称为卑职等等。

窃:有私下、私自之意,使用它常含有冒失、唐突的意思。

臣:谦称自己不如对方的身份地位高。

仆:谦称自己是对方的奴仆,含有为对方效劳之意。

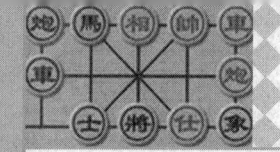

敢：表示冒昧地请求别人。比如：敢问，用于询问对方问题；敢请，用于请求对方做某事；敢烦，用于麻烦对方做某事。

拙：用于向别人称自己的东西。比如：拙笔，用于谦称自己的文字或书画；拙著、拙作，用于谦称自己的文章；拙见，用于谦称自己的见解；拙荆、贱内，用于谦称自己的妻子。

小：谦称自己或和自己有关的人或事物，比如：小弟，用于男性在朋友或熟人之间谦称自己；小儿，用于谦称自己的儿子；小女，用于谦称自己的女儿；小子，用于子弟晚辈对父兄尊长的自称；小可，是有一定身份的人自谦的说法，意思是自己很平常、不足挂齿。

老：老人自谦时常用老朽、老夫、老汉、老拙等，比如：老粗，用于谦称自己没有文化；老脸，年老人指自己的面子；老身，用于老年妇女谦称自己；老衲，用于老和尚谦称自己；老臣，用于上了年岁的官员谦称自己。

其他自谦用语：古代帝王谦称自己为朕（从秦始皇开始专门用作皇帝自称）、孤（小国之君）、寡（少德之人）、不谷（不善）；古代官吏谦称自己为下官、末官、小吏等；女子自称为妾；父母对外人称自己的儿女为犬子、犬女；读书人谦称自己为小生、晚生、晚学等，表示自己是新学后辈；如果要表示自己无才或才能平庸，则可自谦为不才、不佞、不肖等等。

古人如何敬称他人？

古人非常讲究礼仪客套，所以称呼别人时都有相应的敬称。

敬称表示尊敬客气的态度，也叫"尊称"。在我国古代，对别人的尊称大致有以下几种：

(1)对帝王的尊称有万岁、圣上、圣驾、天子、陛下等。驾，本意是指皇帝的车驾。古人认为皇帝当乘车行天下，所以用"驾"代称皇帝。古代的帝王君主认为他们的权力是上天授予的，所以皇帝被称为天子。古代的臣子不能直接向皇帝陈说事情，需要让在陛（宫殿的台阶）下的人传达才行，所以就用陛下代称皇帝。

(2)对皇太子、亲王等的尊称是殿下。

(3)对将军的尊称是麾下。

(4)对有一定地位人的尊称要视其地位级别而定：对使节尊称节下；对三公、郡守等尊称阁下，"阁下"现在多用于外交场合，如大使阁下。

(5)对于对方或对方亲属的尊称有令、尊、贤等。令，意为美好，用于称呼对方的亲属，比如令尊用于称呼对方的父亲，令堂用于称呼对方的母亲，令郎用于称呼对方的儿子，令嫒用于称呼对方的女儿等。尊，用于称呼和对方有关的人或物，如尊上用于称呼对方的父母，尊公、尊君、尊府用于称呼对方的父亲，尊堂用于称呼对方的母亲。贤，用于敬称平辈或晚辈，如贤家用于称呼对方，贤郎用于称呼对方的儿子，贤弟用于称呼对方的弟弟等。仁，表示爱重，应用范围较广，比如称同辈友人中长于自己的人为仁兄，称地位比自己高的人为仁公等。

(6)对年长者的敬称有丈、丈人等，比如《论语》有云："子路从而后，遇丈人。"自唐朝以后，丈、丈人专指妻父，亦称泰山，把

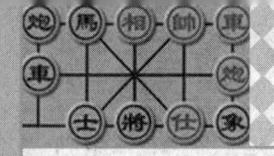

妻母称为丈母或泰水。

(7)如果在称谓前面加"先",表示已故去,用于尊称地位高的人或年长的人,比如已死的皇帝称为先帝,已死去的父亲称为先考或先父,已死去的母亲称为先慈或先妣,已死去的有才德的人称为先贤等。如果在称谓前加"太"或"大",则表示再长一辈,比如帝王的母亲称为太后,祖父称为大(太)父,祖母称为大(太)母等。

(8)唐朝以后,对已死的皇帝多称其庙号,比如唐太宗、唐玄宗、宋太祖、宋仁宗、元世祖、明太祖等;明清两代,除了庙号之外,也用年号代称皇帝,比如称朱元璋为洪武皇帝,称朱由检为崇祯皇帝,称玄烨为康熙皇帝,称弘历为乾隆皇帝等。

(9)君对臣的敬称有卿或爱卿等。

(10)对品德高尚、智慧超群的人用"圣"来表示尊敬,如称孔子为圣人,称孟子为亚圣。后来,"圣"多用于帝王,如圣上、圣驾等。

古代有哪些特殊称谓?

(1)百姓的称谓

对百姓常见的称谓有:布衣、黔首、黎民、生民、庶民、黎庶、苍生、黎元、氓等。

(2)职业的称谓

称呼一些以技艺为职业的人时,常在其名字前面加一个表示他职业的字眼,让人一看就知道这人的职业身份。比如《庖丁解牛》中的"庖丁","丁"是其名,"庖"是表明其职业是厨师;《师说》

中的"师襄"和《群英会蒋干中计》中提及的"师旷","师"的意思是乐师,用以说明其职业;《柳敬亭传》中的"优孟",意思是名叫"孟"的艺人,古代把以乐舞戏谑为职业的艺人称为"优",也称优伶、伶人等,后来也用于称呼戏曲演员。

(3)不同的朋友关系之间的称谓

贫贱而地位低下时结交的朋友称为"贫贱之交";情谊契合、亲如兄弟的朋友称为"金兰之交";同生死、共患难的朋友称为"刎颈之交";在遇到磨难时结成的朋友称为"患难之交";情投意合、情谊深厚的朋友称为"莫逆之交";从小一块儿长大的异性好朋友称为"竹马之交";以平民身份相交往的朋友称为"布衣之交";辈份不同、年龄差异较大的朋友称为"忘年之交";不拘泥于身份、形迹的朋友称为"忘形之交";不因贫富贵贱的变化而改变深厚友情的朋友称为"车笠之交";在道义上彼此支持的朋友称为"君子之交";心意相投、相知很深的朋友或彼此慕名而未曾见过面的朋友称为"神交"等。

古人如何称呼自己的亲属?

古人在称呼自家的亲属时,常用到"家、舍、亡、先、犬、小"等几个字眼。

(1)家

"家"是用来称呼比自己辈分高或年长的还在世的亲人,含有谦恭平常之意,比如称父亲为家父、家严,称母亲为家母、家慈,称丈人为家岳,称祖父为家祖,称兄嫂为家兄、家嫂等等。

(2)舍

"舍"是用来谦称比自己卑幼的亲属，比如舍弟、舍妹、舍侄、舍亲等，但称呼自己的儿女不能说舍儿、舍女，一般称为犬儿、犬女等，用以谦称自己的子女尚且年幼，涉世不深。

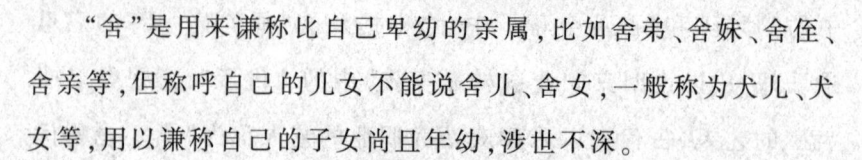

(3) 小

"小"常用来向外人称呼自己的儿女晚辈，比如称自己的儿女为小儿、小女等。

(4) 先

"先"含有怀念、哀痛之意，是对已故长者的尊称，比如对已故父亲称为先父、先人、先严、先考，对已故母亲称为先母、先妣、先慈，对已故祖父称为先祖等。

(5) 亡

"亡"用于对已故卑幼者的称呼，比如亡妹、亡儿等，对已故的丈夫、妻子、朋友等，亦可称亡夫、亡妻、亡友等。

妻子和丈夫有哪些不同的称谓？

现在男人称配偶为妻子，女人称配偶为丈夫。但从古至今，妻子和丈夫却又很多不同的称谓，现列举一些：

(1) 小君细君：最早用来称呼诸侯的妻子，后来成为妻子的通称。

(2) 皇后：皇帝的正妻。

(3) 梓童：皇帝对妻子的称呼。

(4) 夫人：古代诸侯的妻子称为夫人；明清时期一二品官的妻子才被封为夫人；现在用于对他人妻子的尊称，多用于外交场合。

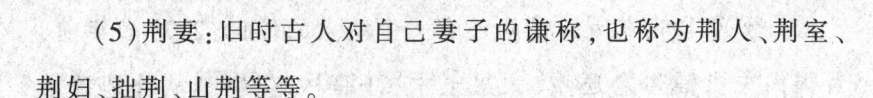

（5）荆妻：旧时古人对自己妻子的谦称，也称为荆人、荆室、荆妇、拙荆、山荆等等。

（6）娘子：古人对自己妻子的通称。

（7）糟糠：形容贫寒时共患难的妻子。

（8）内人：过去对他人称自己的妻子。书面语也多用内人、内助。尊称别人的妻子可称为贤内助。

（9）内掌柜的：旧时把生意人的妻子称为"内掌柜"的，也有称"内当家"的。

（10）太太：旧社会一般称官吏的妻子或有权有势的富人的妻子为"太太"，今有尊敬之意。

（11）旧时对妾的称呼有"侧侄"、"偏房"、"小星"、"如夫人"、"妇君"等。

与妻子相对，丈夫的称谓还有：丈人、君、外子、官人、当家的、前面人、掌柜的、外面人、郎君等等。

为什么用"鸳鸯"来比喻夫妻？

在我国古代，"鸳鸯"最早是用来比喻兄弟的。《文选》中题为苏子卿诗四首的第一首，有"昔为鸳和鸯，今为参与辰"的诗句，从诗中"骨肉缘枝叶"，"况我连枝树"等句来分析，这首诗显然是一首兄弟间的赠别诗。三国时魏国的嵇康有一首《赠兄弟秀才入军诗》，也是用鸳鸯来比喻兄弟和睦友好的。

把夫妻比做鸳鸯，最早出自唐代诗人卢照邻的《长安古意》，诗中有"愿作鸳鸯不羡仙"一句，用以赞美美好的爱情。以后的很多文人竞相仿效，于是鸳鸯就成为夫妻的代名词了。

关于鸳鸯的来历，民间还有一个动人的传说：2000多年前，晋国大夫洪铺告老还乡，大兴土木，开辟林苑，特地从外地请来了一个年轻的花匠怨哥，为自己植花种草。有一天，怨哥正为罗汉松培土，忽然听到莲池中有人惊呼"救命"，便奋不顾身跃入莲池中，救起一个年轻女子，这个女子就是洪府的千金小姐映妹。洪铺看到怨哥从莲池中抱起映妹，认为怨哥调戏女儿，于是狠狠责打怨哥，并下入大牢。夜里，映妹偷偷来探望怨哥，将一件五彩宝衣送给他，让他穿上。洪铺得知此事之后，恼羞成怒，强行扒下怨哥身上的彩衣，将一块巨石缚在怨哥身上，将其一并坠入莲池。映妹知道了这件事，痛不欲生，纵身跃入莲池。第三天清晨，怨哥和映妹的灵魂化作两只奇异的鸟儿，雄的五彩缤纷，雌的毛色苍褐，双宿双飞，恩爱无比，这就是鸳鸯鸟。鸳鸯从此便成为恩爱夫妻和美好爱情的象征。

为什么用"秦晋之好"来比喻夫妻关系？

春秋时期，秦国（今陕西一带）和晋国（今山西和河北南部一带）是相邻的两个强国。但两国统治者之间勾心斗角，争夺霸权，矛盾很是尖锐，有时甚至兵戎相见。但另一方面，他们基于自身利益的考虑，有时却又互相联合，互相利用，甚至通过彼此联姻，结成关系密切的亲家，用以巩固和加强自己的实力。

秦穆公是春秋五霸之一，他的夫人是晋献公的女儿；晋献公的儿子晋文公，也是春秋五霸之一，他的夫人文嬴，便是秦穆公的女儿。

因此，秦、晋两国虽然互有矛盾，但彼此一再联姻，在各国关

系中也是绝无仅有、最为突出的。

基于秦、晋两国世为婚姻，后人便将两家联姻称为"互结秦晋"，或称为"秦晋之好"。

结发夫妻是怎么来的？

我们今天常说的"结发夫妻"，是指年轻时结成的夫妻，意指原配夫妻。历史上关于"结发夫妻"的由来有两种不同的说法。

第一种说法：在浙南有"束发托身"与"投丝慰情"的民俗。所谓"束发托身"，就是原配夫妻择日完婚时，男方要送庚帖，女方要回庚贴。庚贴上写明姓名、出生日子时辰和完婚时间。女方回庚帖时，附上一束头发，用红头绳扎着，作为定情托身、以身相许之物，以示结发同心、百年好合之意。"投丝慰情"意思是结发之夫妻，男人假如溺水死亡，尸体无法找寻，妻子须剪下一束头发缚在石头上，投入出事的地点，借此慰藉结发之情。

结发夫妻的习俗，相传是古时候一个皇帝登基时留下来的，这位皇帝登基的头一夜，因为担心胡子太短，无法入睡（因为古代男人是以胡须长短衡量人的学识的）。身边的娘娘聪明过人，她剪下自己的头发，仔细地接在皇帝的胡须上。一夜的工夫，使得皇帝的短胡子成了长胡子。次日皇帝登基时，手捋胡须，接受臣子朝拜。臣子惊叹皇帝一夜之间，胡须过脐，真乃"真龙天子"！由此，娘娘剪头发为皇帝续接胡须的故事便成为结发夫妻的源头。

第二种说法：自古以来，头发一直是爱情的象征。尤其是对

古代女子而言,头发是不能随便散开和挽起的。"为人女者,不可挽髻,为人妻者,不可散发",意思是说古代的女子结婚前头发不能挽起来,都是散开的,而嫁为人妻后,头发就不能随便散开了,只能挽起来。妻子头上的发髻,只有做丈夫的才能解开。古人在洞房花烛之夜时,男女双方会各取一撮长发结在一起,表示爱情的永恒,这就是"结发"的由来。对此,苏武有诗云:"结发为夫妻,恩爱两不疑。"

中国古代有哪些年龄称谓?

我国古代对不同年龄段的人都有相应的称呼,现简略介绍如下:

(1)赤子

用以称呼刚刚出生的婴儿。

(2)襁褓

本意是指包裹婴儿用的被子和带子,后来代指未满周岁的婴儿。

(3)周晬

用以称呼出生1周岁的小孩。

(4)孩提

用以称呼2~3岁的儿童。

(5)龆、齿龀

亦称为龆龀,本意是指儿童换牙,代指7~8岁的儿童,也称为童龇、重龀、毁齿、龀年、髫龀等。

(6)垂髫

亦称总角、黄口等,借指幼年儿童。

（7）幼学

指代10岁的孩童。

（8）豆蔻年华

女孩13岁称为"豆蔻年华"。

（9）舞勺之年

用以称呼13~15岁的孩子。

（10）束发

男子15岁为"束发"之年。

（11）笄（jī）

亦称及笄、笄年、上头等，用以称呼女子15岁。古代女子成年许嫁举行笄礼。

（12）冠

亦称加冠、弱冠等，用以称呼男子20岁。20岁身体还没发育健壮，所以称为"弱"，男子20岁行冠礼，所以称为"冠"。

（13）而立之年

用以指30岁。

（14）不惑之年

用以指40岁。

（15）知命

亦称知天命、知天命之年、知命之年、知非之年、半百、艾服等，用以指50岁。

（16）花甲

亦称花甲子、平头甲子、杖乡之年、耳顺之年、耆等，用以指

60岁。

(17)下寿

用以指60岁以下。

(18)古稀之年

亦称致事之年,用以指70岁。

(19)杖朝之年

亦称中寿,用以指80岁。

(20)耋

用以指70~80岁。

(21)耄

用以指80~90岁。

(22)鲐背

用以指90岁。

(23)上寿

用以指90岁以上。

(24)期颐

用以指100岁。

(25)长年

亦称斑白、黄发、苍颜等,均指代老年人。

"不孝有三,无后为大"中的"三"是指什么?

"不孝有三,无后为大"最早见于《孟子·离娄上》,其原文是:"不孝有三,无后为大。舜不告而娶,为无后也,君子以为犹告

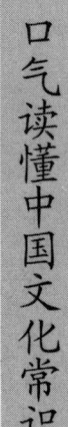

也"。《十三经注疏》中在"无后为大"后面注解曰云："于礼有不孝者三，事谓阿意曲从，陷亲不义，一不孝也；家贫亲老，不为禄仕，二不孝也；不娶无子，绝先祖祀，三不孝也。三者之中无后为大。"

因此，不孝有三中的"三"是指三种不孝的行为：第一种是一味顺从父母之意，父母有错而不加以提醒劝说，使他们陷于不义；第二种是家境贫寒，父母年迈，身为人子却不谋官位以赡养父母；第三种是不娶妻生子，断绝后代，无人继承香火。其中，以不娶妻生子断绝香火最为不孝。

古代的"三从四德"是指什么？

"三从四德"是为适应父权制度、维护父权及夫权的需要，根据"内外有别"、"男尊女卑"的原则，由儒家礼教对妇女的一生在道德、行为和修养方面进行的规范要求。

"三从"一词最早见于周、汉的儒家经典《仪礼·丧服·子夏传》，在讨论出嫁妇女为夫、为父服丧年限（为夫三年，为父一年）时，说"妇人有'三从'之义，无'专用'之道，故未嫁从父，既嫁从夫，夫死从子"。实际上就是说作为女儿、妻妇和母亲的妇女，应对男性服从。中国妇女屈从于男性的历史由来已久，"女"字在商代甲骨文中就是屈身下跪的形象；《周易》中有主张妇女顺从专一、恒久事夫的卦辞，后来还有妇女殉夫守节，限制寡妇改嫁等不合理的要求。

"四德"一词见于《周礼·天官·内宰》，内宰是教导后宫妇女的官职，负责逐级教导后宫妇女"阴礼"、"妇职"，其中较高职位的"九嫔""掌妇学之法，以教九御妇德、妇言、妇容、妇功。"四德

本为宫廷妇女教育门类，后来与"三从"连称，成为衡量妇女道德、行为、能力和修养的标准，即"三从四德"。

所谓"三从"，是指：未嫁从父，既嫁从夫，夫死从子。意思是说女子在未出嫁之前要听从家长的教诲，不要随便地反驳长辈的训导；出嫁之后要礼从夫君，与丈夫一同持家执业、孝敬长辈、抚育幼小；如果夫君不幸先己死去，就要坚守好自己的本分，想办法扶养孩子长大成人，并尊重子女的生活理念。这里的"从"并不是表面上的"跟从"之意，而是有工作性质的"从事"之意。

所谓的"四德"，是指：德、容、言、工，意思是说做女子的，第一标准是品德，能正身立本；其次是相貌，指出入要端庄稳重持礼，不要轻浮随便；然后是言语，指与人交谈要会随意附义，能理解别人所言，并知道自己该言与不该言的语句；最后是治家之道，治家之道包括相夫教子、尊老爱幼、勤俭节约等生活方面的细节。

"六亲不认"中的"六亲"是指哪六亲？

六亲即六种亲属，对六亲的说法，历来众说纷纭，概括起来有以下几种：

(1) 指父子、兄弟、从父兄弟、从祖兄弟、从曾祖兄弟、同族兄弟。

汉代贾谊在《新书·六术》中说："戚属以六为法，人有六亲，六亲始曰父，父有二子，二子为昆弟；昆弟又有子，子从父而为昆弟，故为从父昆弟；从父昆弟又有子，子从祖而昆弟，故为从祖昆弟；从祖昆弟又有子，子以曾祖而昆弟故为曾祖昆弟；曾祖昆弟

又有子,子为族兄弟。务于六,此之谓六亲。"

(2)指父子、兄弟、姑姊、甥舅、婚媾、姻亚。

据《左传昭公·二十五年》记载:"为父子、兄弟、姊姑、甥舅、昏媾、姻亚,以象天明。"晋杜预注解曰:"六亲和睦,以事严父,若众星之共辰极也。妻父曰昏,重昏曰媾,婿父曰姻。两婿相谓曰亚。"

(3)指父母、兄弟、妻子。

据《汉书·贾谊传》记载:"建久安之势,成长治之业,以承祖庙,以奉六亲,至孝也。"唐颜师古注引应劭曰:"六亲,父母、兄弟、妻子也。"

(4)指父子、兄弟、夫妇。

《老子》上说:"六亲不和有孝慈,国家昏乱有忠臣。"王弼注解曰:"六亲,父子、兄弟、夫妇也。"

(5)指外祖父母、父母、姊、妹、妻兄弟之子、从母之子、女之子。

据《史记·管晏列传》记载:"上服度则六亲固。"唐张守节正义:"六亲,谓外祖父母一,父母二,姊妹三,妻兄弟之子四,从母之子五,女之子六也。"

现在所说的六亲,一般指外祖父母、父母、姐妹、妻兄弟姐妹、继母兄弟姐妹、女之子女。实际上是血亲和姻亲的泛指,不单指六种亲属,是亲族、亲戚的泛称。

中国古代的五礼是指哪五礼?

五礼是指中国古代的五种礼制,即吉礼、凶礼、军礼、宾礼、嘉礼。

吉礼：吉礼是五礼之冠，主要是对天神、地祇、人鬼的祭祀典礼。其主要内容有：

(1) 祀天神：昊天上帝；祀日月星辰；祀司中、司命、雨师等。

(2) 祭地祇：祭社稷、五帝、五岳；祭山林川泽；祭诸小神等。

(3) 祭人鬼：祭先王、先祖；禘祭先王、先祖；春祠、秋尝、享祭先王、先祖等。

嘉礼：嘉礼是国家具有喜庆意义及一部分用于亲近人际关系、联络感情的礼仪活动。嘉礼的主要内容包括：饮食之礼；婚、冠之礼；宾射之礼；飨燕之礼；脤膰之礼；贺庆之礼。如君主登基、册皇太子、策拜王侯、节日受朝贺、天子纳后妃、王公大臣婚礼、冠礼、宴飨、乡饮酒等。有时也特指婚礼。

宾礼：宾礼就是接待宾客之礼，即邦国间的外交往来以及接待宾客的礼仪活动。如天子受诸侯朝觐、天子受诸侯遣使来聘、天子受诸侯国使者表币贡物、宴诸侯或诸侯使者等。

军礼：军礼是师旅操演、征伐的礼仪，即国家有关军事方面的礼仪活动。

凶礼：凶礼是哀悯吊唁忧患之礼，指用于吊慰家国忧患方面的礼仪活动。凶礼的内容主要包括：以丧礼哀死亡；以荒礼哀凶札；以吊礼哀祸灾；以禬礼哀围败；以恤礼哀寇乱。后多指丧葬、持服、谥号等礼仪。

五服是指五种服装吗？

所谓五服指的是五种丧服。在中国古代社会，用丧服来表示

亲属之间血缘关系的远近及尊卑关系。

"五服制罪"是"准五服以制罪"的简称，就是按照五服所表示的亲属关系远近及尊卑，来作为定罪量刑的依据。其具体原则是：服制越近，表示血缘关系越亲，以卑犯尊的处罚就越重，以尊犯卑的处罚就越轻。服制越远，则表示血缘关系越疏远，在这种情况下，以卑犯尊的处罚就越轻，以尊犯卑的处罚就越重。举个例子来说，如果是父亲打骂儿子，儿子是没有控告权利的，即父亲免罪，但如果是儿子打骂父亲，儿子则要处死。因此，五服制罪的本质是维护家族的等级制。

《晋律》第一次将五服制罪即"服制"作为定罪量刑的准则，此后一直为封建历代所沿用。

"五服"具体是指斩衰（衰音 cuī，指丧服）、齐衰、大功（功同工，指做工，大功即做工粗）、小功（做工细）、缌麻。斩衰是用很粗的生麻布做成，不缝边，像斧斩一样，故名斩衰。穿这种丧服服丧三年，用于臣、子、妻、妾为君、父、夫服丧。齐衰是用缝边的生麻布做成。大功和小功是用熟麻布做成，只是做工不同。缌麻是用细的熟麻布做成。服丧时间依次减少，分别为一年、九月、五月、三月。

从自己开始，上到父亲、祖父、曾祖父、高祖父，下到子、孙、曾孙、玄孙，同时还包括上述亲属的旁亲，都是有服亲，称作内亲。母亲一系称为外亲，服制只有一世，只包括外祖父母、舅父、姨母、舅表和姨表兄弟，其他人则属于无服亲。同时，期亲是指父系亲属，大功亲是指祖父系亲属，小功亲是指曾祖父系亲属，缌

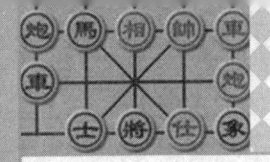

麻亲是指高祖父系亲属，母系亲属均列入缌麻亲中。

什么是六礼？

六礼是中国古代的婚姻礼仪。指的是从议婚开始，一直到完婚过程中的六种礼节，主要包括：纳采、问名、纳吉、纳征、请期、亲迎。这一模式早在周代已经确立，最早见于《礼记·昏义》。以后历代大都沿袭周礼。现简述如下：

(1) 纳采

纳采也称行聘，是婚礼中的首礼。男方准备好求婚礼品，送至女家，请求采择。这是一个必需的程序，相当于正式求婚。

(2) 问名

男方具庚柬帖，写上姓名和出生年、月、日、时，送至女家。女方复以姓名和出生年、月、日、时的"回柬"。

(3) 纳吉：

男方家卜得吉兆后，备礼通知女方家，决定缔结婚姻。

(4) 纳征：

纳征也称纳币，即男方家把聘礼送至女方家。

(5) 请期

纳征之后，如果女方没异议，男方则选定吉日，写一迎亲帖，写明迎亲日、时，请求女方答应。女方回帖表示同意后，即可进行最后一礼。

(6) 迎亲

迎亲，即成婚礼。这天，男方到女家迎新娘过门，行交拜合卺

礼。

十二生肖是怎么来的？

十二生肖由十一种源于自然界的动物，即鼠、牛、虎、兔、蛇、马、羊、猴、鸡、狗、猪以及传说中的龙所组成，用于记年，顺序排列为子鼠、丑牛、寅虎、卯兔、辰龙、巳蛇、午马、未羊、申猴、酉鸡、戌狗、亥猪。

至于十二生肖源于何时，今已无从考证。长期以来，很多人将《论衡》视为最早记载十二生肖的文献。《论衡》是东汉唯物主义思想家王充的著作。根据《论衡·物势》记载："寅，木也，其禽，虎也。戌，土也，其禽，犬也。……午，马也。子，鼠刀。酉，鸡也。卯，兔也。……亥，豕也。未，羊也。丑，牛也。……巳，蛇也。申，猴也。"另该书的《言毒篇》又说："辰为龙，巳为蛇，辰、巳之位在东南。"由此，十二生肖便汇聚齐全了。从这些记载我们可以看出，十二地支与十二生肖的配属非常完整，而且和今天的相同。

天下动物众多，古人为何单单选择了这十二种动物为属相呢？

清代的刘献在《广阳杂记》中引用李长卿的《松霞馆赘言》曰："子何以属鼠也？曰：天开于子，不耗则其气不开。鼠，耗虫也。于是夜尚未央，正鼠得令之候，故子属鼠。地辟于丑，而牛则开地之物也，故丑属牛。人生于寅，有生则有杀。杀人者，虎也，又寅者，畏也。可畏莫若虎，故寅属虎。犯者，日出之候。日本离体，而中含太阴玉兔之精，故犯属兔。辰者，三月之卦，正群龙行雨之

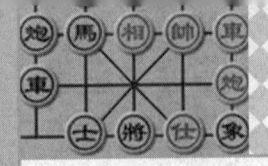

时，故辰属龙。巳者，四月之卦，于时草茂，而蛇得其所。又，巳时蛇不上道，故属蛇。午者，阳极而一阴甫生。马者，至健而不离地，阴类也，故午属马。羊啮未时之草而苗，故未属羊。申时，日落而猿啼，且伸臂也，譬之气数，将乱则狂作横行，故申属猴。本者，月出之时，月本坎体，而中含水量太阳金鸡之精，故本属鸡。于核中，猪则饮食之外无一所知，故亥属猪。"

另外还有一种说法，是说十二生肖的选用与排列是根据动物每天的活动时间确定的。我国从汉代起，便开始采用十二地支记录一天的十二个时辰，每个时辰相当于两个小时，夜晚十一时到凌晨一时是子时，此时老鼠最为活跃；凌晨一时到三时，是丑时，牛在此时正在反刍；三时到五时，是寅时，此时老虎正在到处游荡觅食，最为凶猛；五时到七时，是卯时，这时太阳尚未升起，月亮还挂在天上，此时玉兔捣药正忙；上午七时到九时，是辰时，这正是神龙行雨的好时光；九时到十一时，是巳时，这时蛇开始活跃起来；上午十一时到下午一时，阳气正盛，是午时，正是天马行空的时候；下午一时到三时，是未时，羊在这时吃草，会长得更壮；下午三时到五时，是申时，这时猴子最为活跃；五时到七时，是酉时，夜幕降临，鸡开始归窝；晚上七时到九时，是戌时，狗开始守夜；晚上九时到十一时，是亥时，此时万籁俱寂，猪正在鼾睡。

当然，关于十二生肖的排列，还有不少传说轶事，不足为信。不过我们可以确信，十二生肖座次的排定，决非一朝一夕的事，而是经过长期发展，最终才得以确立的。

为什么我国把农历十二月称为"腊月"？

我国民间习惯把农历的十二月称为"腊月"，这是什么原因呢？对此，《祀记》是这样解释的："蜡者，索也，岁十二月，合聚万物而索飨之也。""腊"与"蜡"相通，祭祀祖先称为"腊"，祭祀百神称为"蜡"。"腊"与"蜡"都是一种祭祀活动，且多在农历十二月进行，所以人们就习惯上把十二月称为腊月了。

腊月是一年的岁末，古代农闲的人们无事可做，便出去打猎。一是多弄些食物，以弥补粮食的不足，二是用打来的野兽祭祖敬神，以祈福求寿，避灾迎祥。

腊月里的民俗很多。腊月初八，用杂粮做成"腊八粥"。有的农民还将"腊八粥"甩洒在门、篱笆、柴垛等上面，以祭祀五谷之神。腊月二十三，俗称"小年"，很多地区有陈设香腊刀头和糖点果品等供奉"灶神"的习俗。其实，现代的人们大都不信奉"神灵"之说，这样做只是沿袭古代的传统习俗，并无多少封建迷信的意味。

二十四节气是怎么来的？

二十四节气起源于我国的黄河流域。早在春秋时代，就已经定出仲春、仲夏、仲秋和仲冬四个节气。之后不断地改进与完善，到了秦汉时期，二十四节气已完全确立。公元前104年，邓平等人制订《太初历》，正式把二十四节气订于历法之中，明确了二十四节气在天文学中的位置。

太阳从黄经零度开始，沿黄经每运行15度所经历的时日称

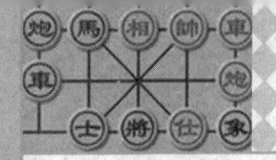

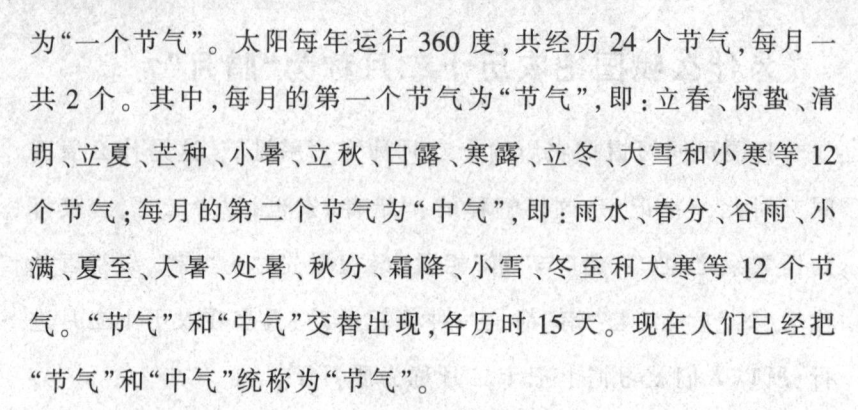

为"一个节气"。太阳每年运行360度,共经历24个节气,每月一共2个。其中,每月的第一个节气为"节气",即:立春、惊蛰、清明、立夏、芒种、小暑、立秋、白露、寒露、立冬、大雪和小寒等12个节气;每月的第二个节气为"中气",即:雨水、春分、谷雨、小满、夏至、大暑、处暑、秋分、霜降、小雪、冬至和大寒等12个节气。"节气"和"中气"交替出现,各历时15天。现在人们已经把"节气"和"中气"统称为"节气"。

我国有哪些重要的传统节日?

(1)除夕

大年三十晚上称为除夕。"除",本义是"去",引申为"易",即交替;"夕",本义是"日暮",引申为"夜晚"。所以除夕之夜,就是"旧岁到此而除,明日另换新岁"的意思。

除夕起源于先秦时期的"逐除"。根据《吕氏春秋·季冬记》记载,古人在新年的前一天,用击鼓的方法来驱除"疫疠之鬼",来年才会无病无灾。此为"除夕"节的由来。

"除夕"在古代还有除夜、逐除、岁除、大除、大尽等称呼。

(2)春节

春节是在农历正月初一,即农历的一岁之首,俗称"大年"。

春节在我国大约有4000多年的历史了。它是我国民间最热闹、最隆重的一个传统节日。古代的春节,是指农历二十四个节气中的"立春"时节,到了南北朝以后才把春节改在一年岁末,并泛指整个春季。到了辛亥革命后的民国初年,改农历为公历(阳

历)以后,便将正月初一定为春节。直到1949年9月27日,中国人民政治协商会议上才正式把正月初一的新年定为"春节"。

(3)元宵节

元宵节亦称"上元节",即阴历正月十五日。它是我国一个重要的传统节日。在古书中,这一天称为"上元",其夜称"元夜"、"元夕"或"元宵"。"元宵"这个名称一直沿用到今天。

(4)打春

每年的第一个节气就是"立春",人们通常把它叫做"打春"。

为什么叫"打春"呢?我国历史上有这样一种风俗,每年在立春这一天,人们穿上节日的服装,抬着一头纸糊的大耕牛,载歌载舞上街游行。游行以后,把纸糊的耕牛抬到县衙的公堂上,由县官亲自执鞭打三下,意思为:大地回春,赶紧耕种。因此,人们就把立春叫做"打春"。

(5)寒食节

寒食节是旧俗中的一个节日,在清明节前一天。

关于寒食节的来历,有这样一个典故:春秋时期,已出亡多年的晋国公子重耳回国即位,即为晋文公,他大封随其流亡的臣子,唯独漏掉了介子推。介子推于是携老母隐居绵山(今山西省介休县东南)。晋文公得知后欲加封赏,寻至绵山,却找不到他,便想烧山逼他出来。但介子推坚持不出来,结果母子二人都被烧死。晋文公非常伤心和后悔,于是规定每年这一天禁止人们起火烧饭,以寒食表示悼念。后来便形成了在寒食这天寒食、扫墓的风俗。

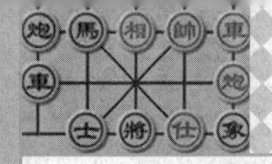

(6)清明节

清明节是我国最重要的祭祀节日，时间是在农历三月初八（公历4月5日左右）。扫墓俗称为上坟，是祭祀死者的一种活动。

清明节,亦称踏青节。因为按阳历来说,它是在每年的4月4日至6日之间,正是春光明媚、草木吐绿的时节,也正是人们春游(古代称为踏青)的好时候,所以古人有清明踏青,开展一系列体育活动的的习俗。

(7)端午节

阴历五月初五为"端午节"。"端午"本名为"端五",端是初的意思。"午"为"五"的谐音。

我国古代的爱国诗人屈原自投汨罗江殉国以后，人们为了不让鱼虾吃掉他的尸体，纷纷用糯米和面粉捏成各种形状的饼子投入江心，这就是后来端午节吃粽子、炸糕的来源。

(8)七夕节

阴历七月七日的晚上称为"七夕"，是我国民间传说里牛郎织女在天河鹊桥相会的日子，和西方的情人节相似。

(9)重阳节

重阳节又叫双九节。我国古代以九为阳,以六为阴,双九即为重阳,故而得名重阳节。

重阳节是我国的敬老节。1989年,我国把每年的九月九日定为老人节,使传统与现代巧妙地结合,成为尊老、敬老、爱老、助老的传统节日。

（10）中元节

我国汉族把阴历七月十五日称为中元节，用以祭祀先人。

汉人在中元节放河灯，道士建醮祈祷，这是汉族的传统民俗。阴历七月十五日的中元节，和正月十五日的上元节以及十月十五日的下元节同为我国古老的传统节日。

（11）中秋节

中秋节是我国阴历的八月十五日，这一天正是秋季的正中，故称为"中秋"。到了晚上，月圆桂香，人们把它看作大团圆的象征，于是备上月饼以及各种瓜果食品，全家欢聚赏月。

（12）冬至

冬至是在阴历十一月初七这一天。在我国古代，人们对冬至非常重视，曾有"冬至大如年"的说法，而且至今一直保留着庆贺冬至的习俗。据《汉书》记载："冬至阳气起，君道长，故贺。"人们认为：过了冬至，白昼一天比一天长，阳气回升，是一个节气循环的开始，所以是一个吉日，值得庆贺。

（13）腊八节

古代十二月祭祀"众神"称为腊，因此农历十二月也称为腊月。腊月初八这一天，旧俗要吃腊八粥。传说释迦牟尼在这一天得道成佛，因此寺院每逢这一天会煮粥供佛，后来传至民间。

饺子是怎么来的？

关于饺子的来历，史料记载和民间传说颇多。

早在三国时期，《广雅》一书便提到了这种食品。根据考证：

饺子是由南北朝至唐朝时期的"偃月形馄饨"和南宋时的"燥肉双下角子"发展而来的,距今已有1400多年的历史。

清朝有史料记载说:"元旦子时,盛馔同离,如食扁食,名角子,取其更岁交子之义。"又说:"每届初一,无论贫富贵贱,皆以白面做饺食之,谓之煮饽饽,举国皆然,无不同也。富贵之家,暗以金银小锞藏之饽饽中,以卜顺利,家人食得者,则终岁大吉。"这些史料说明:新春佳节,人们以吃饺子表示喜庆之意,用以表示辞旧迎新。这种风俗相沿成习,流传至今。

除了史书记载外,民间还有一个关于饺子来历的传说:从前有个皇帝,整天不理朝政,只顾寻欢作乐,国家日渐贫穷,人民怨声载道。有一天,奸臣潘奇叩见皇上,说:"人若能吃百样饭,就可增寿延年成神仙,皇上可下令在各地招选名厨,让他一日三餐做新样,吃到百种饭,不就如愿以偿了吗?"皇上听后大喜,即出告示,举国招选。

不几日,各地厨师来到京里,经过重重选拔考试,苏巧生最终被选中。从此,苏巧生凭借高超技艺为皇上做了九十九个花样的饭菜,皇上很满意。这一夜,苏巧生很高兴。心想明天再做一样饭就可回家与亲人团聚了。但为了做好以上的九十九样饭菜,他已经掏空心思了,所以他不知道该如何做最后一顿饭。正在悲伤无望的时候,他突然看到案板上有些剩下的羊肉和菜,便举刀把羊肉和菜胡乱剁碎,随便搁上些调料,用白面皮包了许多小角子,然后放在开水锅里煮熟,当成最后一顿饭给皇上端去了。正在苏巧生木呆呆地等死之际,谁知皇上吃了这餐饭后,竟穿着睡

衣跑进厨房说："今日这顿饭最香,这叫什么名字?"苏巧生听罢,长长地叹了口气,随后抬头看见这种扁扁的东西,信口答道："这是民间上等品——扁食。"皇上想留苏巧生继续给他做饭,但巧生对这个贪得无厌的昏君早已厌恶至极,第二天便偷偷地溜走了。后来人们为了纪念这位厨师,就学着包扁食吃。就这样,饺子代代相传,至到今天。

拜年是怎么来的?

拜年是我国民间的传统习俗,是人们辞旧迎新、相互表达美好祝愿的一种方式。

拜年一般从家里开始。初一早晨,晚辈起床后,要先向长辈拜年,祝福长辈健康长寿、万事如意。长辈受拜以后,要将事先准备好的"压岁钱"分给晚辈。给家中长辈拜完年以后,人们外出相遇时也要笑容满面地恭贺新年,互道"恭喜发财"、"新年快乐"等吉祥的话语。

传说远古时代有一种怪兽,头顶长独角,口似血盆,人们把它叫做"年"。每逢腊月三十晚上,"年"便窜出山林,掠食噬人。人们只好备些肉食放在门外,然后把大门关上,躲在家里,直到初一早晨。"年"饱餐后扬长而去,人们才开门相见,作揖道喜、相互祝贺。有一年,"年"又来到村子,人们发现它害怕红色的东西和响声。于是人们在门上贴红纸,挂红灯笼,还用空心竹子做的炮仗往地上摔,发出响亮的声音,用以恐吓"年","年"从此再也不敢来村子觅食了。于是,贴对联,挂灯笼,放鞭炮就成了过年的习

俗。

在古代,"拜年"一词的本意是为长者拜贺新年,包括向长者叩头施礼、祝贺新年如意、问候生活安好等内容。

随着时代的发展,拜年的习俗不断增添新的内容和形式。现在人们除了沿袭传统的拜年方式以外,还兴起了礼仪电报拜年和电话拜年等。

贴春联是怎么来的?

新春将至,第一件事便是贴门神、贴对联。春联也叫门对、春贴、对联、对子、桃符等。它以工整、对偶、简洁的文字描绘时代背景,抒发美好愿望,是我国特有的文学形式。

春联,起源于桃符,桃符是周代悬挂在大门两旁的长方形桃木板。根据《后汉书·礼仪志》记载,桃符长六寸,宽三寸,桃木板上书"神荼"、"郁垒"二神。"正月一日,造桃符著户,名仙木,百鬼所畏。"因此,清代《燕京时岁记》上说:"春联者,即桃符也。"

到了五代时期,西蜀的宫廷里,有人曾在桃符上提写联语。据《宋史·蜀世家》记载:后蜀主孟昶令学士章逊题桃木板,"以其非工,自命笔题云:'新年纳余庆,嘉节号长春'",这便是我国的第一副春联。一直到宋代,春联仍称为"桃符"。王安石的诗中就有"千门万户曈曈日,总把新桃换旧符"的句子。宋代,桃符由桃木板改为纸张,称为"春贴纸"。

到了明代,桃符才改称为"春联"。明代陈云瞻在《簪云楼杂话》中记载:"春联之设,自明太祖始。帝都金陵,除夕前忽传旨:

公卿士庶家门口须加春联一副，帝微行时出现。"大意是说：朱元璋不但亲自微服出城，观赏笑乐，还亲自为百姓题春联。他经过一户人家，见门上没有贴春联，便去询问，方知这是一家阉猪的，还未请人代写。朱元璋就特地为那阉猪人写了"双手劈开生死路，一刀割断是非根"的春联。经明太祖这一提倡，此后春联便沿袭成俗，一直流传到今天。

压岁钱是怎么来的？

在春节拜年时，长辈要将事先准备好的压岁钱分给晚辈，据说压岁钱可以压住邪祟，因为"岁"与"祟"谐音，晚辈得到压岁钱后就可以平平安安度过一岁。

压岁钱分为两种，一种是以彩绳穿线编作龙形，置于床脚，此记载最早见于《燕京岁时记》；另一种就是由家长用红纸包裹分给孩子的钱，这也是最常见的形式。

清人吴曼云在《压岁钱》中说："百十钱穿彩线长，分来再枕自收藏，商量爆竹谈箫价，添得娇儿一夜忙。"由此可见，压岁钱牵系着一颗颗童心，而孩子的压岁钱往往用来买鞭炮、玩具和糖果等节日所需的东西。

关于压岁钱的来源，有一个流传很广的故事：古时候，有一种小妖叫"祟"，大年三十晚上出来用手摸熟睡着孩子的头，孩子们往往会吓得大哭，接着头痛发热，变成傻子。因此，家家都会在这天亮着灯守着孩子，称为"守祟"。

有一家夫妻老来得子，视为心肝宝贝。到了年三十晚上，他

们怕"祟"伤害孩子，就拿出八枚铜钱和孩子玩。孩子玩累了就睡着了，夫妻俩用红纸把八枚铜钱包起来放在孩子的枕头下边。半夜里一阵阴风吹开房门，吹灭了灯火，"祟"刚伸手去摸孩子的头，枕头边就发射出一道闪光，把"祟"给吓跑了。第二天，夫妻俩把用红纸包八枚铜钱吓退"祟"的事告诉了众乡亲，以后大家都学着做，孩子就太平无事了。

因为"祟"是"岁"谐音，之后就逐渐演变为"压岁钱"。到了明清时期，"以彩绳穿钱编为龙形，谓之压岁钱。尊长之赐小儿者，亦谓压岁钱"。所以一些地方也把给孩子压岁钱称为"串钱"。到了近代，则演变为红纸包一百文铜钱赐给晚辈，象征"长命百岁"之意。对已成年的晚辈红纸包里则包一枚银元，象征"一本万利"。实行纸币以后，长辈们喜欢到银行兑换票面号码相连的新钞票送给孩子，寓意为"连连高升"。

粽子是怎么来的？

我国有五月端午吃粽子的习俗，据说这个习俗源于对屈原的纪念。

公元前340年，爱国诗人、楚国大夫屈原，面临亡国之痛，于五月五日，悲愤地怀抱大石投入汨罗江。为了不让鱼虾损伤屈原的躯体，人们纷纷把竹筒装米投入江中。以后，为了表示对屈原的崇敬和怀念，每到农历五月初五这天，人们便用竹筒装米，投江祭奠，这就是我国最早的粽子——"筒粽"的由来。

为什么后来又改用艾叶、苇叶或荷叶包粽子呢？据《初学记》记载：汉代建武年间，长沙人晚间梦见一人，自称是三闾大夫（屈

原的官名），对他说："你们祭祀的东西，都被江中的蛟龙偷去了，以后可用艾叶包住，用五色丝线捆好，蛟龙最怕这两样东西了。"于是，人们便以"菰叶裹黍"，做成"角黍"。世代相传，逐渐发展成为今天的粽子。

不过《本草纲目》中有"古人以菰叶裹黍米煮成尖角，如棕榈叶之形，故曰粽"的记载。早在1600年前，西晋新平太守周处在《风土记》中对粽子就有所记载："仲夏端午，烹鹜角黍。"200年以后，南朝梁文学家吴钧在《续齐偕记》中说："屈原五月五日投汨罗而死，楚人哀之，遂以竹筒贮米，投水祭之。"于是越传越广，相沿成俗。由此可见，粽子并非源自祭奠屈原之死，早在屈原之前，粽子已经出现了。

腊八粥是怎么来的？

每年农历的十二月初八，俗称为"腊八节"，在这天，我国民间都有吃腊八粥的风俗。腊八粥是一种在腊八节用多种食材熬制的粥，也叫七宝五味粥。最早的腊八粥是用红小豆来煮，后来经过进一步演变，加上不同的地方特色，逐渐丰富多彩起来。

那么，腊八粥究竟是怎么来的呢？关于此，民间有很多不同的说法，现分述如下：

（1）"释迦牟尼成仙日"的传说

当年佛教创始人释迦牟尼入山修行，长途跋涉，走得又饿又累，昏倒在河边，恰好碰上一个牧羊女从此经过，将他救起，并喂他一碗用杂谷米熬成的粥，佛祖从此"得道成仙"，这天正是腊月初八。因此，有不少庙堂都在每年的腊月初八举行仪式，熬"腊八

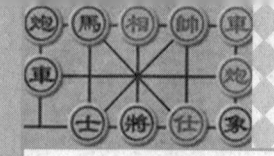

粥"祭佛和施舍给穷人。

(2)"百家饭祭岳飞"的传说

岳飞坚持抗金,被奸臣秦桧诬陷,朝廷连下二十四道金牌召他回京。岳飞无奈,只得仓促班师回朝,但半路上供给不足,沿途百姓听说后纷纷送上粥饭,称之为"百家饭"。腊月初八岳飞被害,人们为了纪念他,就在每年的腊月初八这天熬"百家饭",也称"腊八粥"。

(3)"朱元璋喝粥"的传说

明太祖朱元璋小时给地主放牛,常吃不饱,饥饿难耐,便想抓只老鼠充饥,却意外发现老鼠洞里有大米、豆子、粟子、红枣等食物,便将这些五谷杂粮煮了一锅"杂烩粥",十分香美地饱餐了一顿。当上皇帝以后,山珍海味吃腻了,朱元璋便令御厨以各色谷果煮粥进食,此日恰好是农历腊月初八,遂赐名为"腊八粥"。

(4)富——穷——富的传说

古时候,有一个四口之家,老两口和两个儿子。老两口非常勤快,一年到头干着庄稼活,家里存下了大量的粮食。他家院里还有棵大枣树,老两口精心培育,结出的枣又脆又甜,拿到集上去卖,卖了很多银钱,小日子过得挺富裕。

眼看儿子一天天长大,该娶媳妇了,而自己也都老的不行了,老父亲临死前嘱咐哥俩儿要好好种庄稼;老母亲临死前嘱咐哥俩儿要好好保养院里的枣树,攒钱存粮留着娶媳妇。

哥哥看到家里存着这么多粮食,就对弟弟说:"咱们有这么多的粮食,够了,今年歇一年吧!"

弟弟说："今年这枣树也不当紧了，反正咱们也不缺枣吃。"

就这样，哥儿俩越来越懒，越来越馋。只知道吃喝玩乐，没几年就把粮食吃完了，院里的枣树结的枣也一年不如一年了。

这年到了腊月初八，家里实在没什么可吃的了。于是哥哥找来一把小扫帚，弟弟拿来一个小簸箕，到先前盛粮食的囤底、囤缝里使劲扫，从这里扫来一把黄米粒，从那里扫出一把红豆，就这样，杂粮五谷好几种，数量不多，样数可不少，最后他们又搜出几枚干红枣，放到锅里一齐煮了。煮好以后，哥俩吃着这五谷杂粮凑合起来的粥，四目相对，才记起父母临死前说的话，后悔极了。

败子回头，第二年哥儿俩都勤快起来，像他们的父母一样，不几年就又过上了好日子，并且娶妻生子。

为了吸取这个教训，从那以后，每逢农历腊月初八，人们就吃用五谷杂粮混在一起熬成的粥，遂逐渐演变为"腊八粥"。

汤圆是怎么来的？

我国元宵节有吃汤圆的习俗。相传，汤圆起源于宋代。当时各地兴起吃一种新奇食品，即用各种果饵做馅，外面用糯米粉搓成球，煮熟后，吃起来香甜可口。因为这种糯米球煮在锅里又浮又沉，所以人们把它叫做"浮元子"，后来有的地区把"浮元子"改称为元宵。

我国的元宵节起源于汉朝：汉武帝有个宠臣叫东方朔，他既善良又幽默风趣。有一年冬天，下了好几天大雪，东方朔到御花园去给武帝折梅花。刚进园门，就发现有个宫女泪流满面要投井

自尽。东方朔赶忙上前阻拦,并询问她自杀的原因。原来,这名宫女名叫元宵,家里还有双亲和一个妹妹。自从她进宫以后,就再也不能和家人见面了。每年到了腊尽春来的时候,她就更加思念自己的家人,觉得不能在双亲膝前尽孝,不如一死了之。东方朔听了她的述说,深感同情,就向她保证,一定设法让她和家人团聚。

一天,东方朔出宫在长安街上摆了一个占卜摊。很多人都争着向他占卜求卦。可是,每个人所占所求都是"正月十六火焚身"的签语。一时之间,长安城里起了很大恐慌。人们纷纷问求解灾的方法。东方朔就说:"正月十三日傍晚,火神君会派一位赤衣神女下凡查访,她就是奉旨烧长安的使者,我把抄录的偈语给你们,可让当今天子想想办法。"说完,便扔下一张红帖,扬长而去。老百姓拿起红帖,赶紧送到皇宫去禀报皇上。

汉武帝接过来一看,只见上面写道:"长安在劫,火焚帝阙,十五天火,焰红宵夜。"他看罢心中大惊,连忙请来了足智多谋的东方朔。东方朔假意地思索了一番,说道:"听说火神君最爱吃汤圆,宫中的元宵不是经常给您做汤圆吗?十五晚上可让她做好汤圆。万岁焚香上供,传令京都家家都做汤圆,一齐敬奉火神君。再传谕臣民一起在十五晚上挂灯,满城点鞭炮、放烟火,好像满城大火一样,这样就可以瞒过玉帝了。此外,通知城外百姓,十五晚上进城观灯,混在人群中消灾解难。"汉武帝听后,十分高兴,就传旨照办。

到了正月十五,长安城里张灯结彩,游人熙来攘往,非常热

闹。宫女元宵的父母也带着妹妹进城观灯。当他们看到写有"元宵"字样的大宫灯时,惊喜地大叫:"元宵!元宵!"元宵听到喊声,跑了过去,终于和家人团聚了。

如此热闹了一夜,长安城果然平安无事。汉武帝大喜,便下令以后每到正月十五都做汤圆供奉火神君。因为元宵做的汤圆最好,人们就把汤圆叫做元宵,而正月十五这一天就叫做元宵节。

还有一种说法是这样的:1912年,袁世凯篡夺革命果实,做了大总统,但他一心想当皇帝,又怕人民反对,整天提心吊胆的。因为"元"和"袁"、"宵"和"消"是同音,"袁消"有"袁世凯被消灭"之嫌,于是在1913年元宵节前,袁世凯就下令把元宵改名为汤圆。

月饼是怎么来的?

相传在我国古代,帝王就有春天祭日、秋天祭月的习俗。在民间,每逢八月中秋,也有拜月或祭月的风俗。

月饼又称胡饼、宫饼、小饼、月团、团圆饼等,是我国古代中秋祭拜月神的供品。月饼在我国有着悠久的历史。据史料记载,早在殷、周时期,江、浙一带就有一种纪念太师闻仲的边薄心厚的"太师饼",这是我国月饼的"始祖"。汉代张骞出使西域时,引进芝麻、胡桃,为月饼的制作增添了辅料,便出现了以胡桃仁为馅的圆形饼,名叫"胡饼"。

唐高祖年间,大将军李靖征讨匈奴得胜,并于农历八月十五凯旋而归。当时有经商的吐鲁番人向唐朝皇帝献饼祝捷。高祖李

渊接过华丽的饼盒，拿出圆饼，笑指空中明月说："应将胡饼邀蟾蜍"。说完把饼分给群臣一起吃。从此，便形成了中秋吃月饼的习俗。当时还没有"月饼"的称呼。

据说，有一年中秋之夜，唐玄宗和杨贵妃赏月吃胡饼时，唐玄宗嫌"胡饼"的名字不好听，杨贵妃仰望皎洁的明月，心潮澎湃，随口而出"月饼"，从此"月饼"的名字便在民间逐渐流传开，取代了"胡饼"的叫法。

土葬是怎么来的？

土葬又称埋葬，是我国最古老、普遍的一种葬仪形式。流行于世界各地。大致起源于旧石器时代中期。原始公社时期，各氏族均有自己固定的墓地。奴隶社会和封建社会，各家庭亦有固定的墓葬场。中国的土葬形式有很多种：竖穴墓（土坑墓），旧石器时代晚期一直流行；大石墓、瓮棺葬，流行于新石器时代至汉代；石棺葬、砖石墓，战国时期以来一直流行；洞室墓，始于战国时期，盛行于六朝到隋唐之间；木椁墓，始于商代，汉以后逐渐消失；船棺葬，战国末期到汉初盛行于四川一带。

土葬进入阶级社会以后，就有了明显的尊卑贵贱的等级差别。到了秦汉时期，统治者以"身体发肤，受之父母，不敢毁伤"为理由，禁止民间火葬，土葬遂成为汉民族的通用葬式，并世代沿袭。我国的土葬在不同地区和不同的历史时期虽有所差别，但其基本观念都是一样的，即认为死者应保存完尸，入土为安，因此土葬之俗，长期因袭，直至今日。

在个别少数民族地区，也有不认同土葬的，比如藏族民间实行火葬、天葬、水葬，而只对患有麻风、天花等传染病人或强盗及受刑而死的囚犯实施土葬，他们认为这样可以根绝瘟疫流行和惩治罪恶，将死者打入地狱，不得转世。

土葬习俗，劳民伤财、滥占耕地、传染疾病，很不科学，不利于一个民族的长久发展，所以新中国成立以后已逐步为火葬所替代，但在一些偏远农村，土葬形式仍有残存。

我国有哪些丧葬习俗？

丧葬文化是我国几千年文化文明史中的一个重要组成部分。丧葬习俗历代相沿，带有浓厚的中国传统风俗色彩。

我国的丧葬习俗大致可分为以下几个部分：

（1）停尸

人死后，亲属应为其速着衣冠。不论冬夏，男穿棉裤、棉袄、长袍（现改成大衣），头戴帽盔；女穿棉裤、棉袄，腰系裙子，头戴包头，男女均内衬单衣。着衣完毕，在正房外间北侧停放死者尸体，头朝西脚朝东，在两脚腕处系一根白麻绳，称为"绊脚绳"，盖好蒙被。尸体头前通常摆上供桌祭品，放置一盏油灯，俗称"万年灯"。一切就绪之后，到大门外放四声二起炮，以告知亲朋乡邻。停尸屋门外左侧搭建灵棚，摆灵桌，置祭品、香炉。灵棚内贴阳状。灵棚是乡邻吊唁烧纸的地方。大门外吊锁钱，以示家中有丧事，乡邻知道后便主动去帮忙。丧事主要请本族长辈出面主持，写一素贴，讣告死者亲朋，称为"报丧"。

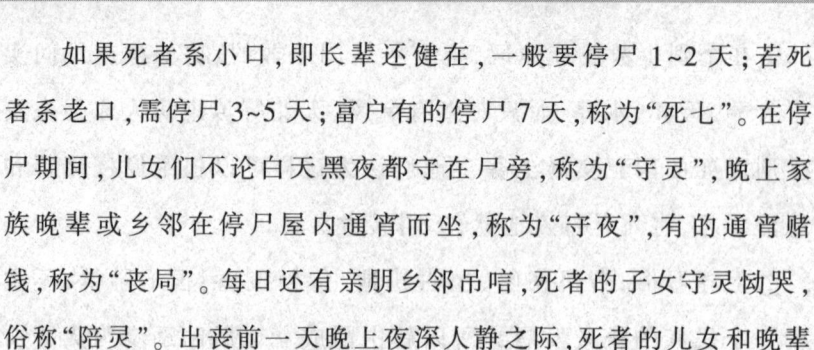

如果死者系小口，即长辈还健在，一般要停尸1~2天；若死者系老口，需停尸3~5天；富户有的停尸7天，称为"死七"。在停尸期间，儿女们不论白天黑夜都守在尸旁，称为"守灵"，晚上家族晚辈或乡邻在停尸屋内通宵而坐，称为"守夜"，有的通宵赌钱，称为"丧局"。每日还有亲朋乡邻吊唁，死者的子女守灵恸哭，俗称"陪灵"。出丧前一天晚上夜深人静之际，死者的儿女和晚辈们在街中心十字路口处，焚烧车马纸扎，俗称"送盘缠"。

（2）入殓

通常停尸三日以后，便可备棺入殓。这一天吊客盈门，一般农家要请戏班、吹鼓手，富户还请僧道诵经、点主，以示排场。棺木置于院中，棺内由孝女们撒上丝、麻、枣、炭，并放上铜钱，称为"垫背钱"。入殓前，先为死者开光明，然后将衣冠整好。此时，主丧人喊"入殓"，爆竹连声，鼓乐齐鸣，长子执"引魂幡"和其儿女及晚辈跪于棺木前号哭，由乡邻们将尸体从屋里抬出，并用簸箕遮住死者的头，用棉布包遮住尸体，不让尸体见天放入棺木。

（3）出殡

出殡这天上午，由死者的儿子带着祭品到坟上确立坟穴地点，称为"破土"，然后由刨坟人挖好坟穴，以待下葬。入殓完毕，长子执"引魂幡"，由兄弟侄子辈相扶架，其他晚辈随后，披麻戴孝，到街门前对棺而跪，乡邻们将棺椁抬上灵架罩以灵轿（今改为灵车）。长子摔瓦后，主事人喊"起灵"，孝子们起跪，长子打幡，伛偻前行，嚎啕大哭，孝女们恸哭于棺后，女儿坐在棺椁前头，爆竹声达到高峰，时而喊谢孝，即孝子们对送殡的乡邻下跪，以示

谢意。棺椁抬至街上复停，摆上桌案，由女婿、亲友乡邻向死者行祭礼，称为"路祭"。路祭完毕，拆去灵轿，将灵柩送至坟墓。灵柩入墓，称为"下丧"，孝男孝女要绕坟转三圈，孝子先填三锨土，然后由挖坟人埋葬。于地面堆起坟头，将引魂幡插于坟顶之上。安葬完毕，长媳用衣服大襟包起一包土，称为"包富"，并回到家门将摔瓦石冲家翻三翻。

在出殡的第三天，儿女和晚辈们要携带祭品到坟墓祭奠，烧纸扎、纸钱，并为坟头培土，称为"圆坟"，又称"复三"。另外，从死者咽气之日起，第七天称为一七，第二十一天称为三七，第三十五天称为五七，连续三次，亲朋和晚辈们到坟上烧纸一次，俗称"一七"、"三七"、"五七"。三年内为新坟，在清明节、七月十五、十月初一烧纸日均提前一天，三年后为旧坟。

我国自20世纪70年代初开始实行火葬，改革了用棺木土葬的旧习俗，现在农村又兴起了一种把骨灰盒放入小水泥棺椁中的形式。

我国新式的婚姻习俗是怎样的？

解放以后，我国废除了旧婚姻一切陋习，实行男女婚姻自由。1950年，国家颁布《婚姻法》，男女婚姻受到法律保护，父母、亲属均不得干预儿女婚姻自由。但是，旧的婚俗在不同地区亦有不同程度的沿袭，或改头换面，比如昔日的媒人现改称介绍人等等。

目前，新式婚俗主要包括：由介绍人穿针引线，男女见面相亲，双方没有意见，即商定吉日举行定婚仪式。这期间，男家须备

厚礼（俗称彩礼）送至女家，礼物包括衣服、物品（自行车、缝纫机、手表、收录机等），一般是冬、春各置全套衣服，直至结婚。结婚日期由双方商定后，男女各持介绍信，到乡政府或街道办事处办理结婚登记，领取结婚证书。结婚的日子大多选择在重大节日或三、六、九日。

现分述如下：

（1）见面

是经中间人介绍后，青年男女双方要进行见面交谈。见面地点一般设在介绍人家里，或在集市上某个地点。通过交谈，或共餐，双方互有好感，则可继续进行二次、三次接触。此间，双方还可以到对方家里走访。男方去女家时，必须带礼品；女方去男家时，一般由男方相引，男方父母必须给姑娘"见面礼"，一般是衣物或红包。如果女方慨然受之，则视为没意见，接下来可举行"定婚礼"。

（2）定婚

如果男女双方以及家里人都没意见，由介绍人同两家商定地点举行定婚礼仪，男家购置定婚衣物、礼品，并负责办宴席，女家通知有关亲属届时到场。定婚当日，气氛既严肃又热烈，双方儿女参加接待。席间给双方父母及介绍人敬礼，双方父母及亲戚，给儿女赠物或赠钱。

（3）行礼

定婚以后，等到男女达到法定结婚年龄，男家就可以同女家议定结婚日期。在婚前一个月左右，男家要同介绍人一起，到女

家"行礼",主要礼品有:结婚衣物、首饰等。女家设宴招待。如礼品不称心,介绍人从中调解商定补充事宜。如没意见,席间就议定婚前急办事项与有关手续。

(4)结婚

结婚之日,女家准备的陪嫁被褥、衣物等,由男方派人一早抬回。新郎乘汽车前去迎娶新娘,迎亲同伴8~12人,车上披红戴花,贴双喜字,一路鞭炮齐鸣,直至女家。女家设小宴招待。宴毕,新郎向女家长辈行鞠躬礼,到内室向新娘行鞠躬礼,请新娘登喜车起程。新娘怀抱梳妆镜,胸前披戴红花。由送姑工人扶持,迎姑伴随,伺新郎登车上路。女家六亲陪送,一路过村放炮。到男家后,播放乐曲迎新娘下车。迎姑搀扶新娘;同其他相迎的中年妇女,簇拥新娘进入新房,新娘上床朝喜字而坐。新郎请宾客入席,招待女家及其他宾客。同时举行结婚典礼,由司仪人"唱礼",新郎、新娘向男方长辈、至亲行礼时,长辈赠红包。新人入洞房后,举行晚宴,酒菜八道,饭菜八道。宴间,新郎向各席宾客行鞠躬礼"谢席"。娘家六亲饭毕,婆母陪同到新房内稍坐,就定回归日子;然后辞别返回,是夜,新郎向同辈人再开宴席划拳行令,嬉笑闹房。

汉服是汉朝的服饰吗?

汉服是中国汉族的传统民族服饰,也称汉装、华服。

汉服的由来可追溯到三皇五帝时期,一直到明代,绵延数千年,华夏人民(汉族)一直没有改变其服饰的基本特征,这一时期

汉民族所穿的服装，通称为汉服。自炎黄时代黄帝垂衣裳而天下治，汉服已初具基本形式。到了汉朝，这种服饰得到全面完善和普及，汉人汉服由此得名。

汉服是汉民族传承了数千年的传统民族服装，也是最能体现汉族特色的服装。从三皇五帝一直到明朝的几千年时间里，汉民族凭借自己的智慧，创造了绚丽多彩的汉服文化，汉服体系也以其独特的民族特色向世界展示了它迷人的魅力。

因此，"汉服"并不是单指"汉朝服饰"，而是指"汉民族的民族服饰"。汉朝服饰时期只是汉服历史的一个阶段。

唐装是唐朝的服饰吗？

关于唐装，有两种解释，第一种最自然的解释就是"唐朝的服装"；另外一种比较牵强的解释是"唐人街华人的中式着装"。其中第二种说法源自于海外。唐朝是我国的盛世，举世闻名，声名远播海外，所以海外各国都称中国人为"唐人"。《明史·外国真腊传》中有言："唐人者，诸番（外国人）呼华人之称也。凡海外诸国尽然。"因此在海外，华人居住的地区就被称为"唐人街"，这些华人街的"唐人"所穿的中式服装就被称作"唐装"。

不过目前我国大陆流行的"唐装"，是在满清马褂的基础上经过改良制成的，属于满服的范畴，与"唐朝的服装"（汉服）在风格和款式上并没有什么相似之处，因此不属于一个范畴。现在，"唐装"已成为中式服装的通称，并非单指唐朝的服装。

旗袍是满族特有的民族服装吗？

旗袍是中国女性的传统服饰之一，源自于满族女性传统服装，在20世纪上半叶，民国汉族女性对其加以改进。1929年，中华民国政府将旗袍确定为国家礼服之一。民国以后，上海、北平等地的汉族女性在原有旗袍的基础上予以改良，成为民国知识女性的标准服饰之一。1949年以后，旗袍在大陆地区逐渐被冷落。改革开放以后，随着服装的走俏，旗袍又重新走上服装舞台，成为中国民族服装代表之一。

公元1644年，清世祖入关，定都北京，随后统一全国。随着政权的日益稳固，开始强制实行服制改革。至此传统服饰汉服几乎全被禁止，传沿千年的上衣下裳的汉服形制只被保留在汉族女子家居时的着装中。若遇庆典场合，不分男女一律都要着袍。

从字面上理解，旗袍泛指旗人（无论男女）所穿的长袍，不过只有八旗妇女日常所穿的长袍才与后世的旗袍有着渊源关系。顺治、嘉庆年间，满族女子违禁仿效汉族妇女装束的风气日盛。到清朝后期，也有汉族女子效仿满族装束的。满汉妇女服饰风格的相互交融，使得双方服饰的差别日益缩小，这就成为旗袍流行全国的前奏。

清朝末年，为挽救统治危机，洋务派提出"中学为体，西学为用"的救国策略，派遣大批留学生到国外学习西方先进科技。于是在中国的学生界，最先出现了西式学生的操衣、操帽。洋装的传入，使得我国的社会服饰观念受到极大冲击，直接导致了服饰观念的变更，这就使得旗袍逐渐演化为融贯中西的新式款型。

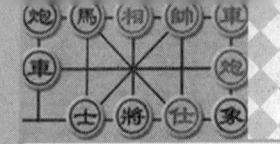

1911年的辛亥革命风暴扫除了中国历史上最后一个封建王朝，为西式服装在中国的普及清除了政治障碍。旗袍由此卸去了沉重的传统负担，旧式的旗女长袍逐渐遭到摒弃，新式旗袍则在乱世妆扮中孕育诞生。

　　当时，上海是妇女寻求解放的重要集中地。寻求解放的社会风气荡涤着服饰妆扮上的陈规陋习，此时的服饰开始趋向于简洁淡雅，以体现女性的自然之美。旗袍最初是以马甲的形式出现的。后将长马甲改成有袖的样式，就成了新式旗袍的雏形。20世纪30~40年代，旗袍又在结构上吸收了西式的裁剪方法，使袍身更加称身合体。

　　因此，旗袍虽然脱胎于清旗女长袍，但它并非满族特有的民族服装，也非中华传统服饰，而是一种兼容中西服饰特色的中国女子的标准服装。